楽観主義は元気の秘訣

鈎《まがり》 治雄

第三文明社

はじめに

本書『楽観主義は元気の秘訣』は、拙著『楽観主義は自分を変える――長所を伸ばす心理学』『お母さんにエール！――楽観主義の子育て』（いずれも第三文明社刊）に続いて、楽観主義の魅力と、その力について、最近のポジティブ心理学や哲学の上から、平易《へいい》に、わかりやすく書き綴《つづ》ったものです。

〝楽観主義〟を一言で表現するならば、「さまざまな困難《こんなん》に遭遇《そうぐう》したとしても、将来に対して、よい見通しをつけられるような考え方、生き方」ということができます。本書の第5章、第6章では、この〝楽観主義〟の特質について、ポジティブ心理学や哲学的視点の上から、整理をしてみました。

昨今《さっこん》、楽観主義的な生き方の大切さについては、さまざまな立場の人が、いろいろなところで、口にするようになりました。とりわけ、これからの高齢社会においては、楽観主義の視座《しざ》を抜きにして、人生や人間の生き方、幸福は語れない、といっても過言ではありません。

人生における予期せぬ事態や不幸な出来事と向き合い、それらに対処《たいしょ》していく上で、〝楽観主義〟という認知スタイル、対処方略《ほうりゃく》、人生観は欠くことのできないものです。

言い換えれば、私たち誰もが避《さ》けて通ることのできない〝生老病死〟の問題に対して、一歩も退《ひ》くことなく、真正面から向き合い、正対できる力が〝楽観主義〟であるといえます。

家庭であれ、学校であれ、職場であれ、地域であれ、人間として、幸福を実感できるためには、楽観主義という認知スタイルは不可欠です。楽観主義は、人間だけに与えられた特権《とっけん》であり、自らの手に幸福を引き寄せる上で、欠くことのできないものなのです。

〝生きる〟ということは、大変な困難をともないます。私たちは、くじけそうになることや落ち込むこと、挫折《ざせつ》感を味わうことがあります。弱気という虫が、顔をのぞかせることもあります。すべてを放棄《ほうき》したくなることも、一度や二度ではないかもしれません。失敗もあるでしょう。

しかし、考えてみれば、サッカーや野球、水泳、スケートなどのスポーツの世界はもとより、絵画や音楽などのコンクールでも、囲碁《いご》や将棋《しょうぎ》でも、全戦全勝などということはありえません。相撲の世界一つを取り上げてみても、平成の大横綱で、勝率が最も高いとされる白鵬《はくほう》関だって、幕内《まくうち》で七百五十回以上対戦して、その二割近くは負けているのです。

人生も同じで、〝生涯、負けなし〟などということはありえません。他人に負けることもあれば、自分に負けることだってあるでしょう。家庭や学校、職場での人間関係や日々の生活の中で、悲哀《ひあい》や苦しみ、辛《つら》さ、挫折感や不安を嫌というほど、実感された方もおられることでしょう。人生という航路《こうろ》は、トータルで見れば、白星よりも黒星の方が多いといえるかもしれません。

人間はそうした弱さをたずさえ、悲観主義という考え方に支配されやすいのも事実です。しかし、その一方で〝希望〟という未来への灯《あか》りをたやさずに、あらゆる困難に打ち勝っていける力を秘めていることもまた、確かな事実なのです。その力こそが〝楽観主義〟であり、オプティミズム（Optimism）にほかなりません。〝楽観主義〟という心の剣《つるぎ》は、人生という旅を味わい深いものにし、心から楽しんでいく上で、なくてはならないものです。楽観主義は私たちの〝心のエンジン〟であるといえるでしょう。

本書では、楽観主義の考え方を、できるかぎり、身近なものにしていただくために、豊富《ほうふ》な日常生活の事例や最近の研究データを交えながら、できるだけ、わかりやすい文章や表記《ひょうき》にすることを心がけました。

また、筆者の意見や考え方だけを一方的に述べるのでなく、読者の皆さんにも一緒に考えていただけるように、ポイントを図表で示し、本文のところどころに、空欄《くうらん》を設《もう》けるなどの工夫を凝《こ》らしてみました。興味をもっていただけるような絵や図を取り上げることで、わかりやすい説明を心がけました。

また、最近の研究成果を紹介しながら、〝生きること〟の意味や楽観主義の特性について触れてみました。さらに、振り返りシートや楽観主義の測定のための質問紙も作成してみました。

随所《ずいしょ》に、さまざまな工夫を凝らしながら、楽観主義について、皆さんと対話をするつもりで書き綴った次第です。

本書を通して、皆さんの人生を、少しでも応援することができれば、著者としてこれ以上の喜びはありません。

鈎　治雄

楽観主義は元気の秘訣――もくじ

第2章

健康長寿を可能にする〝十五の秘訣〟

第3章

楽観主義で〝老い〟と向き合う

第4章

「夫婦力」を育てる楽観主義のすすめ

第5章

動き始めた楽観主義の心理学

第6章

立ち向かう〝楽観主義〟の哲学

引用文について

出典は二度目以降は（前掲『　』）で示し、直後に連続して同じ出典を示す場合は（同前）と記した。なお、編集部注は（＝　）で示した。

●装幀／志摩祐子（有限会社レゾナ）
●本文レイアウト、組版／有限会社レゾナ

第1章

アンチ・エイジングと「楽観主義」

第1節

長寿社会を生きる

「老い」を前向きにとらえる

――「老年には立ち向かわねばならぬ。その欠点はたゆまず補わねばならぬ。病に対する如《ごと》く老いと戦わねばならぬ」(『老年について』中務哲郎訳、岩波書店)――

この冒頭《ぼうとう》に掲《かか》げた一文は、古代ローマのキケロの名著《めいちょ》『老年について』のくだりです。この著作は八十四歳のカトーが、文武に秀でたスキーピオーとラエリウスという二人の若者を屋敷《やしき》に招《まね》いて、自らの老いや死生観について語るという対話形式で進められています。キケロはこの著書の中で、カトーという登場人物に、この冒頭の一節を言わせるかたちで、〝老い〟について、読者に語りかけています。

現代社会は、高齢社会へとまっしぐらに突入しつつあります。とりわけ、日本の社会の高齢化へと向かう速さは世界が驚嘆《きょうたん》するほどです。猛スピードで超高齢社会へと突き進んでいる、といっても過言ではありません。

そうした意味では、キケロの言葉にもあるように、熟年者だけでなく、青年を含めたすべての人々が、やがて直面するであろう「老い」の問題を真剣に考え、向き合わねばならない時代がやってきたといえます。

あとの節でも、詳《くわ》しく触れますが、最近、しばしば耳にする〝アンチ・エイジング〟という言葉は、まさに、キケロのいう「老いに立ち向かうこと」「老いという欠点をたゆまず補うこと」にほかなりません。

はじめに、若干《じゃっかん》の統計的な資料をふまえながら、私たち日本人が置かれている現状《げんじょう》について、振り返っておきたいと思います。

まず、日本人の平均寿命について、確認をしておきましょう。皆さんに少し頭を使ってい

表1　日本人の平均寿命

（厚生労働省『人口問題研究2013』より作成）

	男性	女性
1948年（昭和23年）	○○歳	○○歳
1955年（昭和30年）	64歳	68歳
1975年（昭和50年）	72歳	77歳
1998年（平成10年）	77歳	84歳
2011年（平成23年）	○○歳	○○歳
2060年（平成72年）推計	○○歳	○○歳

ただいて、表1の中の◯◯で示した箇所《かしょ》の年齢が、何歳であるか考えてみてください。

皆さんは戦後まもない、一九四八年（昭和二十三年）の頃の、日本人の平均寿命は、何歳だと思われますか。ちなみに、昭和二十三年という年は、多くの行員が亡くなった帝銀事件や太宰治の情死《じょうし》、福井での大きな震災や片山内閣、芦田内閣の総辞職など、社会情勢がきわめて不安定な年でした。

一九四八年の日本人の平均寿命は男性で、およそ五十六歳、女性で五十九歳です。女性の方が高いとはいえ、男女ともに六十歳にも満たない状況でした。

それでは、今度は、その下の二〇一一年（平成二十三年）の男女の平均寿命を考えて、当ててみてください。これはおわかりの方も多いはずです。

正しくは男性が七十九歳、女性が八十六歳です。この六十年余りのあいだに日本人女性の寿命が大きく延《の》びていることがおわかりいただけたかと思います。男性でおよそ二十三歳、女性では二十七歳近く、寿命が延びていることになります。

この半世紀余り、まさに右肩上がりで、私たちの寿命は延び続けているのです。

現在では、女性の平均寿命が高く、男性とのあいだに七歳のひらきがあることがわかります。日本人女性の平均寿命は二十六年連続で世界第一位です。日本の女性の生きる力、生命力は〝すごい〟の一言につきるといえるかもしれません。〝親孝行をしたいときに親はいる〟時代が現実のものとなりました。

それでは、最後に、二〇六〇年（平成七十二年）の平均寿命を予測してみてください。これまでの推移《すいい》を参考にして予測すると、どれくらいの数値になると思われますか。

国立社会保障・人口問題研究所（二〇一三）の予測データによれば、二〇六〇年（平成七十二年）の日本人の平均寿命は男性で八十四歳、女性でおよそ九十一歳となるようです。これからの半世紀のあいだに日本人は男女ともに、今の平均寿命よりおよそ五歳延びる計算になります。

末永く生きる心づもりを

世界の主な国の平均寿命についても、見ておきましょう。表2は、世界の主な国の平均寿命をまとめたものです。〇〇〇で示した、三つの国の名前を当ててください。○の中にはカタカナが一つずつ入ります。

まずは上から、平均寿命が八十二歳で日本と同じく高齢社会の国はどこでしょう。ヒント1「ヨーロッパで地中海に面した国」です。ヒント2「日本より少し面積が小さい国です」。ヒント3「長靴《ながぐつ》の形」をしています。もうおわかりですね。そうです。イタリアです。

では次に、アメリカと同じ平均寿命が七十九歳の国はどこでしょうか。ヒント1「北欧《ほくおう》の国」です。ヒント2「教育水準や高齢者福祉」も充実《じゅうじつ》しています。ヒント3「童話作家のアンデルセンが生まれた国」です。ヒント4「首都はコペンハーゲン」。もうおわかりでしょう。そうです。デンマークです。

表2

世界の主な国の平均寿命

（WHO2012より作成）

日本	83歳
○○○○	82歳
韓国	80歳
○○○○○	79歳
アメリカ	79歳
アルゼンチン	75歳
ロシア	68歳
○○○	65歳
ケニア	60歳
シエラレオネ	49歳

さて、もう一つ、平均寿命が六十五歳の国はどこでしょう。ヒント1「これからの発展が期待される国」です。ヒント2「南アジアにある国で人口が世界第二位の国」です。ヒント3「仏教発祥《はっしょう》の地」。そうです。インドです。

ちなみに、ケニア共和国は東アフリカにある国です。シエラレオネ共和国は西アフリカにある国で約十年近く続いた内戦により、平均寿命が世界で最も低い国の一つとされてきました。

こうしてみても、日本は平均寿命が八十三歳で、世界でもトップレベルの高齢社会であることがわかります。貧困《ひんこん》や食料、衛生事情、紛争問題など、さまざまな課題をかかえるアフリカの国々と比《くら》べますと、衣食住が安定し、健康への関心も高く、医療の著《いちじる》しい進歩が認められる日本の平均寿命がいかに高いかがわかります。

日本人にとって、六十代なんて、まだまだ、ほんの序の口だといえるでしょう。

こんな川柳《せんりゅう》があります。

老人会　六十五歳は　パシリ役

（第二十四回『サラリーマン川柳』〈第一生命〉）

定年後　田舎に帰れば　青年部

（第二十五回『サラリーマン川柳』〈第一生命〉）

ほんの少し前までは、六十五歳という声を聞けば、高齢者の仲間入りという意識が大変強かったのですが、今はもうそんな意識はすっかりどこかへ吹き飛んでしまったかのようです。

老人会といっても、六十代半ばの人などは、それこそ、〝使いっ走り〟で、上には、まだまだあまたの長老の方々が居座っておられるというのが現状です。地域の町会などで活躍されているご年配の方は、そのことを肌で実感されているのではないでしょうか。

ちなみに、前述の国立社会保障・人口問題研究所（二〇一三）は、日本の人口は、二〇一〇年（平成二十二年）のおよそ一億二千八百万人が、半世紀後の二〇六〇年（平成七十二年）には、およそ八千七百十万人にまで減少すると予測しています。そして、同推計期間に、六十五歳以上の老年人口は、二千九百万人（人口比二三％）から、およそ三千五百万人（人口比四〇％）へと増加するとみています。十人のうち四人が六十五歳以上というわけです。

二〇六〇年といえば、二〇一三年に十八歳の青年、つまり、高校三年生が六十五歳以上の仲間入りをする年です。ですから、今の大学生たちには、「あなた方が六十五歳以上の仲間入りをするときは、百人中四十人が六十五歳以上ですよ」ということを、しっかりと伝えていく必要があります。

老年人口が急激《きゅうげき》に増加することが予想される反面、同推計期間の十四歳以下の少年の数の推移は、約千七百十万人から八百万人へと減少し、半分以下になると考えられています。

こうしたデータに接するかぎり、あとでも触れるように、これからの私たちには、末永く生きる心づもりや覚悟が何にも増して求められる時代となりました。

人生、〝百年時代〟

私の両親は、父母ともに七十代で亡くなりましたが、ここ十年ほどのあいだに、百歳以上の高齢の方々の数は年々増えています。

表3は、厚生労働省が発表している、百歳以上の高齢者の方々の数です。クイズ形式で示してみましたので、およそ五十年前の一九六三年（昭和三十八年）と、二〇一二年（平成二十四年）の百歳以上の方々の数を、周りの数をヒントにしながら考えてみてください。

一九六三年はどうでしょうか。正解はわずかに百五十三人です。驚《おどろ》くほど少ない数です。これに対して、二〇一二年はどうでしょうか。実に、五万千三百六十五人にものぼっています。前年と比べても、およそ三千六百人以上も増えていて、初めて五万人を突破《とっぱ》しました。

百歳以上の人口は、この二十年間で加速度的に増えていることがわかります。人口十万人に対して、およそ四十人の方が百歳以上ということになる計算です。

この比率が最も高かった県は、高知県と島根県で、百歳以上の高齢者は人口十万人中、八十人近くに及んでいます。

ちなみに、国立社会保障・人口問題研究所（二〇一三）の予測データによれば、二〇六〇年（平成七十二年）の日本人の百歳以上の高齢者の数は、何人だと思われますか。現在、予想される数は、なんと、六十三万七千人です。驚きの数値がはじき出されています。

表3　100歳以上の高齢者数

（厚生労働省）『人口問題研究2013より』作成）

1963年（昭和38年）	○○○人
1981年（昭和56年）	1,072人
2000年（平成12年）	13,036人
2012年（平成24年）	○○,○○○人
2060年（平成72年）推計	○○○,○○○人

男性と女性、どっちが多い？

さて、ここで皆さんにもう一つ質問です。この百歳以上の方々の男性と女性の割合はどれくらいだと思われますか。先ほどの平均寿命から考えても、女性の方が多いだろうということは容易《ようい》に想像がつくようですが……。

女性の割合は半端《はんぱ》ではありません。なんと、八七％にも達しています。端的《たんてき》に言えば、百歳以上の方々のおよそ十人に九人までが女性なのです。女性の強さ、たくましさ、生命力を一段と実感できる時代となりました。

こうした数字を見るかぎりでは、〝人生百年時代〟が、もう目の前に到来《とうらい》しつつあることがわかります。特に女性の場合、誰もが百歳まで生きてもおかしくない時代がもうそこまで来ているのです。

その意味では、私たちは、互いに健康を気遣《きづか》いながら、末永《すえなが》く生きる心づもりや準備をしていく必要があります。後に触れるように、第三の人生を、どう価値あるものにしていくかということが、私たち一人ひとりに問われているといえます。

高齢社会は〝幸齢社会〟

平均寿命の延びが物語っているように、これからの私たちの人生は、長く生きられるということが当たり前の時代になりました。

六十年以上も前の戦後まもない頃と比べてみても、あるいはまた、世界の国々と比較してみても、百歳以上の高齢者の数を取り上げてみても、日本人の寿命は明らかに延びています。

私たちには〝末永く生きる心づもり〟をすることが、何よりも求められています。

成長と躍動感《やくどう》の溢《あふ》れる二十代までの青年期が、〝第一の人生〟であるとすれば、三十から六十代前後までの第二の人生は、子育てや仕事の面で、男女ともにはたらき盛《ざか》りの壮年期《そうねん》であり、〝人生の充実期〟であるといえます。

しかし、これからの高齢社会においては、六十代半ば以降の第三の人生を、どう生きるかということが、あらためて問われる時代になりました。

余生《よせい》を過ごすというような、ただ漫然《まんぜん》とした感覚《かんかく》ではなく、本当の意味で、人生の幸福とは何か、人生を味わいのあるものにしていけるかが、第三の人生に問われているといえます。

高齢社会は〝幸齢社会〟であると言われます。そうした点では、単に、体の健康だけに心を奪《うば》われるのではなく、真の幸せとは何かということを、真剣に考える時代に入ったといえます。

高齢社会を幸齢社会にしていくためには、残された時間をどう使うかということを、一人ひとりが、自分の頭で考えていく必要があります。

第2節 若さを保つ秘訣

私たちと〝心の中の年齢〟

最近では、私たちの周りで、〝○○年齢〟と呼ばれる言葉が、たくさん使われています。

たとえば、結婚年齢――。これは、民法が認めた結婚する資格のある年齢のことです。男子十八歳以上、女子は十六歳以上とされていますが、昨今《さっこん》は、とりわけ、女性の高学歴化や社会進出が進む中で、結婚年齢も高くなりつつあります。

〝責任年齢〟――。刑事責任を負うことができる年齢のことです。満十四歳以上の年齢がこれに相当します。〝血管年齢〟や〝骨年齢〟といった言葉も、健康を気遣う現代人にとって、よく耳にする言葉です。

脳年齢という言葉もあります。

脳年齢　年金すでに　もらえます

〈第二十回『サラリーマン川柳』〈第一生命〉〉

という川柳は、私たちの能力の衰《おとろ》えをユーモアをもって詠《よ》んでいて、思わず笑《え》みが込み上げてきます。

ところで、皆さんは〝生活年齢〟という言葉をご存じでしょうか。これは、誕生日から数えた暦《こよみ》の上の年齢のことです。つまり、私たちの実際の年齢のことですから〝実年齢〟とも呼ばれます。〝暦年齢〟とも言われます。

たとえば、心理学では知能検査によって測られた人間の知的能力を、精神年齢と呼んでいますが、この精神年齢と先ほどの生活年齢との比で表した数値、つまり、

「（精神年齢÷生活年齢）×百」という計算式で、求められる数値が、いわゆる知能指数と呼ばれているものです。

　実際は、実現不可能なのですが、自分がそうなりたいと望んでいる年齢、たとえば、七十代のご婦人が〝二十歳の頃の自分に戻りたい〟と思ったとしますと、それは〝希望年齢〟とか、〝理想年齢〟と呼ばれます。

　これに対して、〝主観年齢〟と呼ばれる年齢があります。これは、自分が今の自分を何歳だと思っているか、つまり、実際の年齢ではなくて、自分が今の自分を何歳だと感じているかが〝主観年齢〟と呼ばれるものです。自分の〝心の中の年齢〟といってもよいでしょう。

　実は、この〝心の中の年齢〟、すなわち、〝主観年齢〟こそが、私たちのポジティブな生き方と、大きく関係するといえそうです。つま

表4　３つの年齢

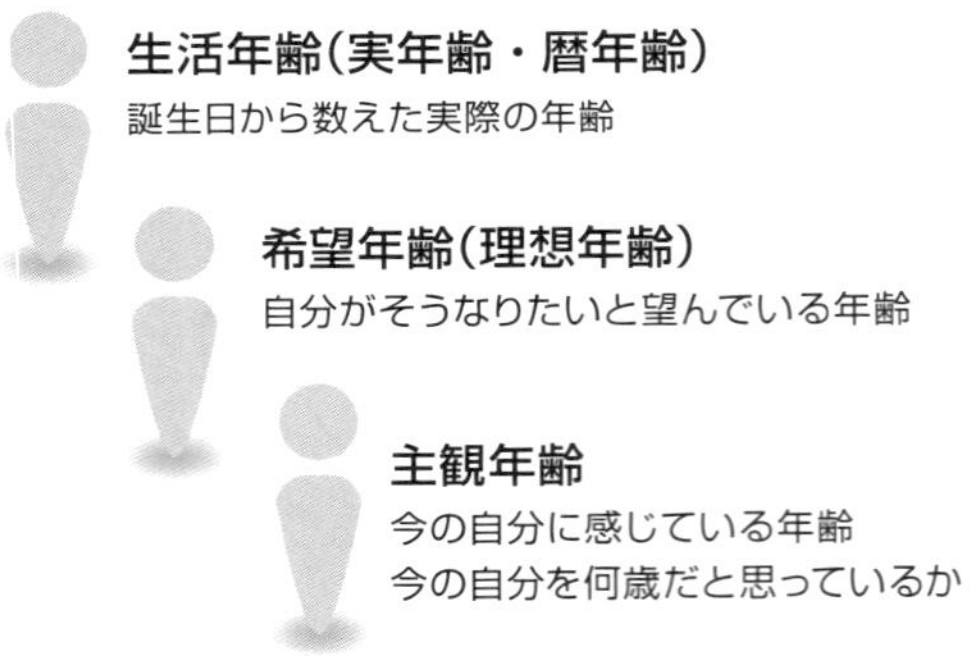
生活年齢（実年齢・暦年齢）
誕生日から数えた実際の年齢
希望年齢（理想年齢）
自分がそうなりたいと望んでいる年齢
主観年齢
今の自分に感じている年齢
今の自分を何歳だと思っているか

り、楽観主義的な生き方とも大いに関係してくるのです（表4参照）。

自分は〝若い〟と思え！

大阪大学大学院で老年行動科学を専門とされている佐藤眞一教授によれば、一般的な傾向《けいこう》として、子どもの頃は、生活年齢（実年齢）よりも、主観年齢が高いようです。つまり、子どもは、実際の年齢より、自分を大人に近い存在として見つめています。

これに対して、大人になれば、実年齢よりも、主観年齢の方が低くなる傾向にあります。端的《たんてき》に言えば〝自分だけは若い〟と思っているのです。

皆さんは、今の自分を何歳だと思っておられますか。きっと〝自分は、本当の年齢よりもずっと若い〟と思っておられるのではないですか。口に出して、言わないだけで――。

一般に、六十代の人だと、実際の生活年齢より、自分のことを六歳ぐらい若いと思っているようです。つまり、六十四歳の方がいたとすれば、内心は「自分は、五十七、八歳だ」と思っているというわけです。

アメリカ人だと、もっとはっきりしています。六十代のアメリカ人では、男性で十五～六歳、女性の場合だと二十二～三歳も、実際年齢より若いと思っているようですから、恐れ入ります。

でも、それは、若さを保つ上でとても大事なことなのです。〝自分は若い〟と思えることが、自らを前向きな行動に駆《か》り立て、自信へとつながっていくのです。

元気なシニアの方々は、自分が高齢者であるという意識は、皆無《かいむ》であるといってもいいかもしれません。おしゃれなシニアの男性は、実際の年齢より、自分を若く見せたいために、派手に見えるような恰好《かっこう》をしているのではなくて、〝自分は若い〟と心の底から思い込んでいるから、そのようなファッションをしているのです。

シニアの〝プライド〟は高い？

経営コンサルタントの藤原毅芳《たけよし》さんは、こうした現代のシニア層の感覚を、正しく理解していれば、マーケティング活動を効果的におこなえるし、キャッチコピーなども、シニア層の心をつかんだものになるといいます。

先日も、ある民生委員の方が、こんな話をされていました。一人住まいのあるご婦人の高齢者のお宅を訪問したときのこと。玄関先で、「こんにちは。民生委員の○○です。今、七十歳以上の高齢者の方のご自宅を訪問させていただいております」と型通りの挨拶《あいさつ》をしたというのです。

すると、家から出てきたそのご婦人はすかさず、「あなた、そんな失礼な言い方はないでしょ。七十歳が高齢者だと思ってるの?」と言い返したそうです。

こうしたやりとりは、今のシニア層の方々のプライドが高く〝主観年齢〟がきわめて若いことを端的に物語っているといえるでしょう。この民生委員の方は、今の元気なシニア層の方々の心理を、充分に理解できていなかったので、この婦人とのコミュニケーションづくりに、失敗したのです。

しかし、年配の方の中には、

ブルーレイ　見栄で買ったが　これ何だ?

〈第二十四回『サラリーマン川柳』〈第一生命〉〉

というような、新しい情報に疎《うと》く、若さとは少し縁遠い方も中にはいらっしゃるようです……。私もその一人です。

ともあれ、〝主観年齢〟が低いということは、若さを保つ秘訣であり、自信をもって人生を前向きに生きていく上で、とても大切なことなのです。皆さんも、いつまでも若々しくあるために、「主観年齢」を低くして、毎日の生活を充実したものにしてください。

〝自分は若いと思え〟――これが、若さとみずみずしい心をいつまでも保ち続ける秘訣であるといえるでしょう。

第3節 アンチ・エイジングのすすめ

アンチ・エイジングとは

本章第1節で〝アンチ・エイジング〟(anti-aging)という言葉を紹介しました。一般に〝抗加齢〟とか〝抗老化〟と呼ばれています。老化の原因をつきとめ、衰えや老化を予防すること、老化を改善しようとする試《こころ》みのことです。

端的に言えば、年齢を重ねることによって生じる、老化の原因を明らかにしつつ、老いを抑《おさ》えようとすることです。もっとわかりやすく言えば、歳を重ねるという、私たちが絶対に避《さ》けられない問題に対して、どのような努力や工夫をして対処《たいしょ》していくかということが、アンチ・エイジングにほかなりません。

最近では、医療や美容、健康の分野に関連して、よく使われるようになりました。高齢化が急速に進みつつある我が国においては、〝アンチ・エイジング〟に対して、特に、強い関心が向けられています。

アンチ・エイジングには、メタボリックシンドロームなどに対応した食事の改善や運動、生活習慣の改善のための努力が不可欠です。また、おしゃれを楽しむ、髪型や化粧を変えてみる、健康なお肌を維持《いじ》するといった、美容的なアプローチも大切になってくるでしょう。

さらには、カウンセリングや心理治療などからの、個人の内面に対する心理的な支援も、ますます重要になってくることでしょう。

近畿大学アンチ・エイジングセンターでは、予防医学の観点から、アンチ・エイジングのためには、〝3C〟のプロセスの定着化を図っていくことが大切であることについて、言及《げんきゅう》しています。

すなわち、①Check（診断）、②Care（健康指導・栄養指導）、③Cure（長期のスパンでの支援）の三つのプロセスが不可欠であるとしています。

私たちが健康長寿を維持していくためには、特に、医学的な面から、①定期的な健康診断を欠かさない、②専門家の指導・助言を謙虚《けんきょ》に受けとめる、そして、③医学的治療をはじめ、さまざまな専門施設や機関などからのサポートを、積極的に取り入れていくという普段の努力や前向きな姿勢が、とても大切になってきます。

〝3C〟のプロセスや考え方を、日常生活の中に、しっかりと取り入れていくためには、本書の主題である楽観主義に裏打《うらう》ちされた、前向きな生き方が求められます。

見方を変えれば、予防医療の観点から、アンチ・エイジングによるさまざまな実践に挑戦し、生活環境を整えていく努力を怠《おこた》らないことが、ポジティブな生き方や楽観主義に根ざした人生を歩んでいく上で、大切になってくるのです。

長寿遺伝子〝Sir2〟

ところで、最近では、人間の長寿にかかわる遺伝子の研究に注目が集まっています。長寿に関する遺伝子は、数十にのぼるようですが、その中でも、〝Sir2〟（サーツー）と呼ばれる長寿遺伝子に関心が集まっています。サーツーなんて、なんだか、わけのわからないような名前で困ってしまいます。

長寿遺伝子Sir2は、マサチューセッツ工科大学のレオナルド・ガレンテ（Leonard Guarente）によって発見されたものです。ガレンテ博士は、長寿遺伝子Sir2をマウスによる実験を通して発見しましたが、人体にもこれに似た遺伝子があることが明らかになっています。

〝Sir2〟という長寿遺伝子は、誰もがたずさえている遺伝子ですが、この遺伝子には、①細胞を修復する、②タンパク質を活性化する、③インスリンを生成する、といったはたらきがあると考えられています。この遺伝子が活性化されると、寿命が三割も延びる可能性があるとさえ言われています。

この〝Ｓｉｒ２〟のはたらきが活発になり、活性化するためには、（１）カロリー制限をすること、（２）食べ過ぎずに適切な体重を維持すること、（３）適度な運動をすることが大切な条件だとされます。

つまり、〝Ｓｉｒ２〟と呼ばれる長寿遺伝子は、ぬくぬくとした環境では、活性化しないというのです。むしろ、栄養が乏《とぼ》しく、どちらかといえば、寒い環境で活発にはたらくとされています。

二つの有力仮説

ところで、最近では、日本抗加齢医学会を中心に、長寿を維持するために、二つの仮説が提唱《ていしょう》されています。

その一つが〝カロリー・リストリクション仮説〟(calorie restriction hypothesis)です。一般に、〝ＣＲ仮説〟と呼ばれているものです。簡単にいってしまえば、長寿であり続けるためには〝カロリー制限〟をせよ、ということです。

日本抗加齢医学会によれば、摂取《せっしゅ》カロリーを六五％程度にとどめると、多くの生物において、寿命が延びることが実証されつつあるようです。私たち人間においても、摂取する食事（カロリー）を抑えることと適度な運動が、身体的健康を維持する上で欠かせないと考えられています。

食べ物が溢《あふ》れている飽食《ほうしょく》の我が国においては、とりわけ、こうした仮説を前提にした生活を維持していくことが求められます。

そして、長寿を可能にするための、今一つの有力な仮説が〝酸化ストレス仮説〟と呼ばれているものです。すでに、知られているように、エイジング（加齢）とは、酸化してしまうことを指しています。

酸化ストレスとは、活性酸素がタンパク質や脂質などを酸化させ、その結果、さまざまな臓器機能障害を引き起こすことをいいます。酸化ストレス仮説とは、酸化が健康長寿を妨げるという仮説のことです。

言い換えれば、体の酸化反応と抗酸化反応のバランスが崩《くず》れて〝酸化反応〟が強まり、活性酸素が増える状態をいいます。

後でも触れるように、私たちが元気であり続けるためには体が錆《さ》びることを防ぐこと、つまり、〝体が酸化した状態〟にしないことが重要なのです。

本書でいう楽観主義の生き方とは、何も考えないという〝能天気な生き方〟を指しているのではありません。〝まえがき〟でも述べたように、〝楽観主義〟を「将来に対して、よい見通しをつけられるような考え方、生き方」であると定義するならば、それを可能にするためには、普段の努力が不可欠です。その意味では、体の健康を気遣うという努力も、楽観主義を可能にする大切な要因でもあるのです。

第2章

健康長寿を可能にする“十五の秘訣”

第1節　〝体〟を健康にする五つの秘訣

さて、私たちが、長生きをしていくためには、日々の生活の中で、どういった心がけや努力が求められるのでしょうか。ここでは、長寿を可能にする十五の秘訣について、順天堂大学の白澤《しらさわ》卓二教授の指摘《してき》や厚生労働省の指針をふまえてまとめてみましたので、ぜひ、参考になさってください。

「長寿のための秘訣」として、具体的に、どのような心がけや努力が必要なのかについて、表5に「体や運動面」「食事面」「コミュニケーション・生活面」の面から、今回もクイズ形式でまとめてみましたので、「　」の中に何が入るか考えてみてください。

表5 健康長寿のための 15 の秘訣

（白澤2010等を参考に作成）

身体・運動面

① [　　　　　　　] より太らないこと
② 1日、[　　　　] 時間を目標に歩く
③ [　　　　　　　] を上り下りする
④ [　　　　] 歳くらいまでは、ちょい痩せを目指す
⑤ 毎日、[　　　　　　　] に乗る

食事面

① [　　　　　　　] を抜かない
② [　　　　　　　] から食べ始める
③ [　　　　　　　] や脂肪は控えめに
④ 魚では [　　　　]、果物では [　　　　] がおすすめ
⑤ 食事を [　　　　　　　]

コミュニケーション・生活面

① [　　　　　　　] をする
② [　　　　　　　] を忘れない
③ [　　　　　　　] をつくる
④ [　　　　] 歳のときの [　　　　　　　] を見る
⑤ [　　　　　　　] を見つける

体形をちょっぴり意識する

その① 〔　　〕より太らないこと――。

これはいかがでしょうか。お父さんより太らないこと？　違います。お母さんより太らないこと？　そうではありません。正解は〝[痩《や》せる]より太らないこと〟です。

今、適正な体重を保っておられる方は、〝[今]より太らないこと〟でも、もちろん、正解です。

私たちは、健康維持《いじ》のために〝痩せる〟ことだけに注意が向きがちですが、大事なことは、適正な体重を維持することです。それは、健康長寿の基本です。

歩けることの幸せ

その② 〝一日、〔　　〕時間を目標に歩く〟

これは、おわかりの方も、たくさんいらっしゃることと思います。皆さんは、一日、どれくらい歩かれますか。正解は、およそ〝一日、［一］時間を目標に歩く〟です。

一般に、「身体活動の強さ」は、〝メッツ〟という単位で表されます。これは、安《あん》静《せい》にしているときの何倍に相当するかを表す単位であるといっていいでしょう。

〝安静にしているとき〟が1メッツです。安静にしているときというのは、〝座って静かにしているとき〟と考えてください。繰り返しますが、静かに座っている状態（のときの活動の強さ）が、「1メッツ」になります。

1メッツを基準にして考えますと、〝普通歩行〟（普通に歩いている状態）という活動の強さが3メッツになります。

さて、今一つ、「身体活動の量」は〝エクササイズ〟という単位で表記《ひょうき》します。少しややこしいかもしれませんが、普通歩行（3メッツ）を二十分（1／3時間）持続すると、1エクササイズになると試算しています。つまり、普通に二十分歩いたとしたら、その身体活動の量は1エクササイズというわけです。

したがって、普通に一時間歩いたとしますと、身体活動量は3エクササイズとなります。

厚生労働省の試算によりますと、生活習慣病を予防するためには、一週間に23エクササイズの活発な身体活動量が望ましいとしていますので、歩行だけでいいますと、一日に一時間歩くと（3エクササイズ）、単純に計算して一週間で21エクササイズで、ほぼ、目標が達成されたことになります。

もちろん、毎日の生活では、それ以外にも、さまざまな運動もおこなっているわけですから、一日一時間の歩行は、妥当《だとう》な運動量だといえるでしょう。

ちなみに、図1には、厚生労働省が掲《かか》げている、1エクササイズの運動量に相当する活動を示しておきましたので、参考になさってください。

のぼって、おりて

その③ 「　　」を上り下りする――。

日頃の運動面での、努力目標の一つといっていいでしょう。これは、おわかりでしょう。正解は、〝「階段」を上り下りする〟です。マンションやデパートなどで、無理をしない程度に、挑戦してみてください。

図1　1エクササイズに相当する活発な身体活動

（厚生労働省2006）

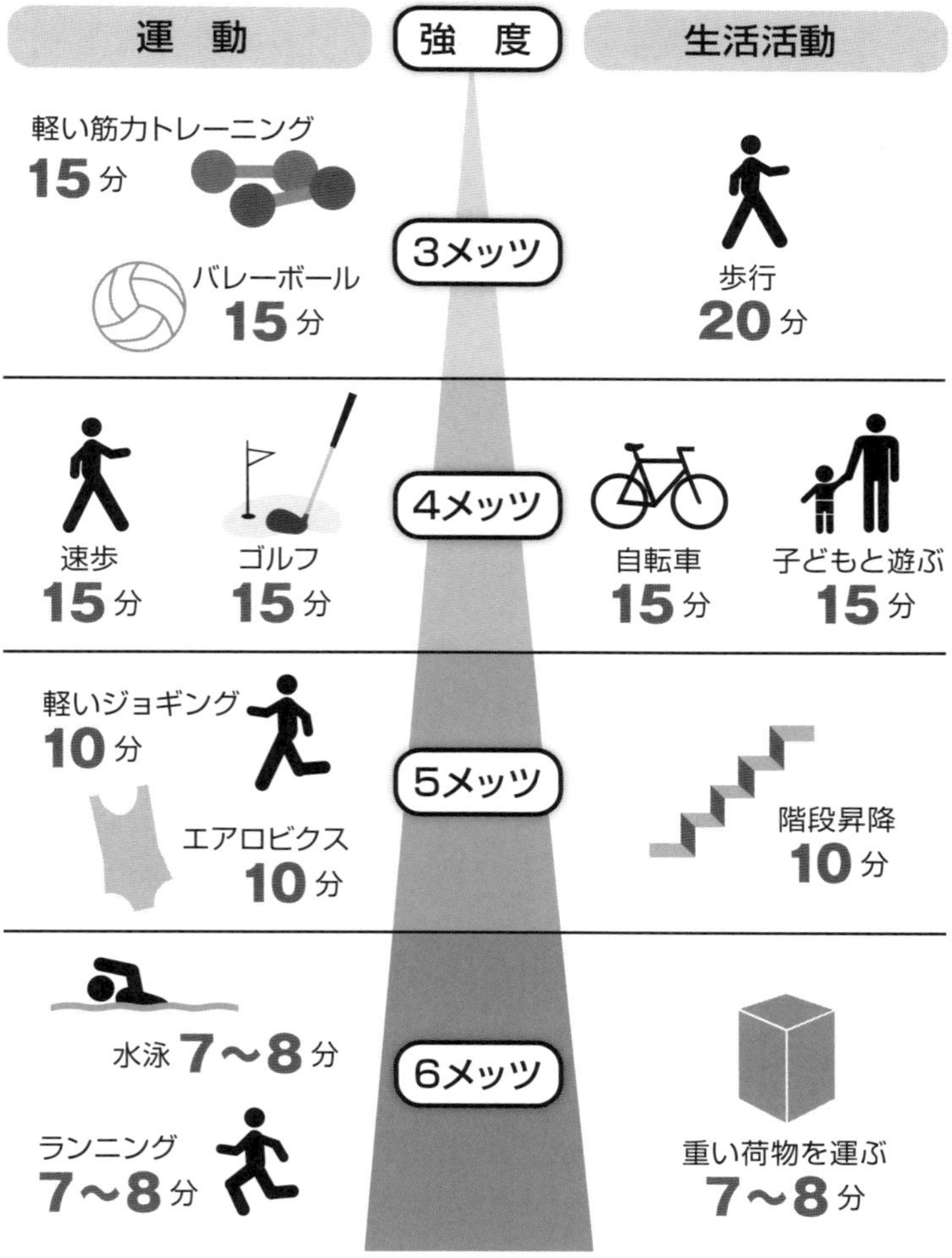

厚生労働省の指標によれば、階段の昇降（5メッツの運動の強さ）をおよそ十分間続けるとすれば、1エクササイズの運動量に相当すると試算しています。

エレベーターやエスカレーターの使用を少し控《ひか》えめにして、ときには、階段を使いましょう。

ただし、シニアの方だけにかぎらず、階段はつまずきやすいですから、階段の上り下りの際は、くれぐれも足元に気をつけてください。特に、家の中の階段は狭いですから、スリッパの使用は避《さ》けるなどの工夫も大事です。

その④ ちょい痩せおやじを目指そう！

【　】歳くらいまでは、〝ちょい痩せ〟を目指す――。

〝ちょい悪おやじ〟という言葉がありますが、ここは、〝ちょい痩せおやじ〟についての質問です。何歳だと思われますか。正解は、［七十］歳くらいまでは、〝ちょい痩せ〟を目指す。これは、あくまでも一つの目安にしか過ぎませんが、少し痩せることを目指してみてはいかがでしょう。私自身の経験でもありますが、少し太りすぎの場合は、体重をおとされると体の調子は、随分とよくなるものです。

何事も習慣が第一

その⑤ 毎日、［　　］に乗る——。

〝自転車〟ではありません。正解は、〝毎日、［体重計］に乗る〟です。毎日、ほぼ同じ時間に、同じ恰好《かっこう》で、体重計に乗る習慣をつけてみてはどうでしょう。できれば、その際に、血圧も測りましょう。神経質になる必要は毛頭ありません。

体重計を恋人のように思って、毎日、体重計と出会いましょう。毎日、体重計を利用するということは、常に自分の体重を意識するということでもあります。毎日の増減を知ることで、「きょうは、外食を控えよう」といった考えに至ることが大事です。

これは、大切な習慣の一つだと思います。私も挑戦してみて、効果がありました。何事も神経質にならずに、〝適度に意識する〟ということが大事です。

第2節

〝食生活〟の五つの秘訣

次に、「食事面」について、考えてみましょう。

規則正しく

その①【　　　】を抜かない――。

〝歯を抜かない〟ではありません。正解は、〝[朝食]を抜かない〟です。

朝昼晩の中でも、特に、朝食が大事です。朝食を抜いて昼食をとると、一気に血糖値が上がります。これが習慣になると、血糖値を下げるインスリンのはたらきが悪くなりますので、注意が必要です。

順番を守る

その② 【　　　】から食べ始める——。

これは食べ物を口にするときの順序《じゅんじょ》のことです。おわかりの方も多いと思います。〝好きなものから食べ始める〟ではありません。

正解は、〝［野菜］から食べ始める〟です。野菜には、「抗酸化作用」や「抗腫瘍《しゅよう》作用」があり、がん細胞を抑《おさ》えるはたらきがあります。

「抗酸化作用」というのは、酸化を抑制するはたらきのことです。鉄が錆《さ》びるのを防ぐのと同じように、人間の体が錆びるのを防ぐ作用のことを言います。〝体が錆びる〟というたとえは、〝体が酸化した状態〟のことを指しています。

私たちが摂取《せっしゅ》した酸素は、体内で活性酸素に変わります。活性酸素は、体の中の細菌やウイルスなどを分解する上で不可欠ですが、この量が多すぎると、正常な細胞まで傷《いた》めてしまうとされています。この状態が酸化と呼ばれている状態です。

「抗酸化作用」のはたらきがあると考えられる食品の成分には、アルファリボ酸やケンフェロール、カテキンなど、さまざまなものがありますが、こうした成分は、とりわけ、野菜を中心に多く含まれています。

〝レインボーベジタブル〟という言葉も、よく知られているように、サラダは色の異なる野菜を、しっかりとることが健康長寿につながります。中でも、ブロッコリーは、ビタミンCをはじめ、カルシウムなどの豊富《ほうふ》な栄養も含まれていますし、抗酸化作用や抗腫瘍作用の点でも、優《すぐ》れているとされます。

これもあまり神経質にならずに、思い出したときに実行に移すぐらいのつもりで実践してみましょう。

何事も控えめに

その③「　　　」や脂肪は控えめに――。

これが、食の旨《うま》みを支えていますので、私もともすれば、ついつい、余分《よぶん》にとってしまいがちです。

正解は、〝[塩分]や脂肪は控えめに〟です。もちろん、食塩でも正解です。厚生労働省などの〝食生活指針〟においても、塩辛い食品は控えめにして、食塩は、一日、十グラム未満に抑えることが望ましいとされています。ラーメンのつゆなども、歳を重ねてくると、しっかりと残すことも大切です。

皆さんもご存じの通り、塩分の取り過ぎは、高血圧や脳卒中、心臓病を引き起こしやすいと言われています。また、塩分の取り過ぎは、胃がんとも関係してくるとされていますので、注意をしていきたいものです。

おすすめの食材

その④ 魚では【　　　】、果物では【　　　】がおすすめ――。

まず、魚の種類をたずねています。正解は、〝魚では、［サケ］がおすすめ〟です。だからといって、サケだけ食べていればよいというわけではありません。

産卵という点では、産卵に関係なく川を行き来するアユに対して、産卵のために川を下るのがウナギ、そして、産卵のために上るのがサケです。このサケには、特に、ビタミンDが豊富に含まれています。骨や歯の形成に欠かせないカルシウムは、日本人に不足しがちであると言われますが、このカルシウムの吸収を助けるのがビタミンDです。

「抗酸化作用」という点でも、サケがよいようです。サケの身の色は、だいたいや赤味がかった色をしていますが、この色を赤くする成分が、アスタキサンチンです。この色の成分であるアスタキサンチンには、大変強い、抗酸化作用があるとされています。

アスタキサンチンは、細胞に入って活性酸素をなくし、血液をさらさらにするとされています。血行の改善や、眼の疲労回復など、優れた抗酸化力をもっています。抗酸化作用という点ではなかなかの大物です。

サケが生きていくために必要な成分は、人間にも必要だということでしょうか。また、ＤＨＡ（ドコサヘキサエン酸）などのサケに含まれる脂肪酸もまた、動脈硬《どうみゃくこう》化《か》や心筋梗塞《しんきんこうそく》、糖尿病などの生活習慣病に効果があるとされています。

さて、果物では、どうでしょうか。これは〝果物では「リンゴ」がおすすめ〟が正解です。リンゴの効果については、さまざまな企業でも研究が進んでいますが、リンゴの中に含まれる〝ポリフェノール（polyphenol）〟には、先ほどの抗酸化作用があるとされています。

私たちの食卓においても、リンゴを全部、食べきれないで、食べ残すことがよくあります。そんなとき、皮を剝《む》いた、余ったリンゴをそのままにしておきますと、茶色に変色してしまいます。それは、このポリフェノールが酸素と反応して、みずみずしさを保持しようとする証《あかし》なのです。

ポリフェノールには、内臓脂肪がつきにくいという作用や、中性脂肪を減らす効果があります。ポリフェノールは、リンゴの皮のすぐ下あたりに多く含まれているので、リンゴの丸かじりなども、おすすめのようです。

ポリフェノールは、緑茶《りょくちゃ》や赤ワインにも豊富に含まれています。ポリフェノールを摂取すると、動脈硬化や脳梗塞《のうこうそく》を防ぐ抗酸化作用がはたらくのです。

また、玉ねぎやピーナツの皮のような、普段捨ててしまいがちな食材の中にも、長寿遺伝子を活性化させる成分が含まれているようです。

人生、これが大事！

その⑤ 食事を「　　」──。

最後は、少し難しいですね。動詞を入れてみてください。多分に、私たちの心理的なものと関係しています。食事をとる？　食事をする？　どうでしょう？

正解は、〝食事を［楽しむ］〟。もちろん、〝楽しんでとる〟〝味わう〟〝味わって食べる〟などでも結構です。家族をはじめ、友人と楽しく食事をするというのが食事の基本です。〝食事は楽しむものである〟という生活スタイルを身につけていきたいものです。

食事にかぎらず、人生すべてにわたっていえることです。皆さん、人生を楽しんでいますか？

第3節 〝コミュニケーション力〟を育む五つの秘訣

では、健康長寿のための「コミュニケーション・生活面」でのポイントについて考えてみましょう。日頃の人間関係や生活の面で、ストレスを溜《た》め込まないことが、何よりも大事です。

何事も、最初が肝心

その① 〔　　〕をする――。

これだけでは、何のことだか、まったく見当もつかない方もいらっしゃるかと思います。しかし、コミュニケーションの第一歩といえば、何でしょうか。そうです。〝挨拶《あいさつ》〟です。正解は、〝［挨拶］をする〟です。

挨拶は、〝触れ合いの第一歩〟であり、〝相手の心の扉《とびら》を開く鍵《かぎ》〟です。心理学における交流分析理論でも、心温まる人間関係をつくりあげるための第一歩は、挨拶にあることを示唆《しさ》しています。心理学では、挨拶は、親子関係や近隣との関係、職場での人間関係を維持していく上で、なくてはならない生活上の〝儀式〟(ritual)であり、習慣なのです。

特に、朝の挨拶は大事です。朝、相手から、さわやかな挨拶という最高のプレゼントをもらったら、もうそれだけで一日のエネルギーをもらったことになります。人と会ったとき、すれ違ったときは、こちらから進んで挨拶をするように心がけましょう。

先手必勝です。私は、挨拶を先にできる人は、人間として、自分より、一枚上の方だといつも思っています。それは、心が大きいという証だからです。

人間だけに与えられたもの

その②「　　」を忘れない——。

顔の表情で、大切なものと言えば？　そうです！　〝笑顔〟です。正解は、〝「笑顔」を忘れない〟です。挨拶が言葉を介してのコミュニケーションであるのに対して、〝笑顔〟は言葉以外のコミュニケーション、すなわち、ノンバーバル・コミュニケーションの一つです。

笑顔をたやさない人は、人間として、最も尊い人であると思います。人間として、大きな魅力があります。笑顔は、他の動物にはない〝人間だけに与えられた特権《とっけん》〟

です。この特権を最大限に活用しましょう。

〝機嫌がいい〟ということが、周りを幸せにするのです。〝笑顔〟の素敵なシニアを目指したいものです。

大きな、大きな宝物

その③ 【　　　】をつくる――。

これだけでわかったら、大したものです。つくるといえば、食事をつくる、歌をつくるといったことが、頭に浮かぶ方もおられるかもしれませんが、コミュニケーションにかかわる長寿の秘訣ですから、正解は、〝［友だち］をつくる〟。〝話し相手〟をつくる、でもいいかと思います。人生の後半を、潤《うるお》いのあるものにしていくためには、やはり、よき友の存在が不可欠です。

特に、男性の場合、現役で仕事をバリバリとやっているときは、肩書き社会の中で生きてきました。肩書き社会の中での人間関係は、仕事から離れたあと、長続きしない場合が多いようです。

大事なのは、肩書きがなくなったあとの人生です。そのためには、現役のときから、肩書きに執着《しゅうちゃく》した生き方をしないことが大事です。地位や役職などの肩書きだけに執着していると、それを失くしたあとは、誰も相手にしてくれない、ということになりかねません。

自分から進んで、人の心に飛び込んで、良き話し相手をつくっていきましょう。

古き良き時代を大切に

その④【　　】歳のときの【　　】を見る――。

これは、白澤教授が推奨していますが、なかなか面白い視点です。若さを保つ上で、大切な秘訣の一つです。ここでは、〝［二十歳］のときの［写真］を見る〟を正解としておきましょう。もちろん、十代や三十代の頃の写真でも結構です。ともかく、若手の人気歌手にも匹敵《ひってき》するような、二十歳の頃の、青春真っ只中の、最も溌剌《はつらつ》としていたときの自分の写真をしっかり見つめなさい、というわけです。

私は、仕事柄、毎年、三月になると、ゼミの卒業生を送り出します。今年も、ゼミ旅行に行きました。学生たちは、蕎麦《そば》うちの体験やイチゴ狩り、夕食あとのカラオケや酒を酌《く》み交わしての深夜に及ぶ語らいなど、皆、心から青春を謳歌《おうか》していましたが、人間は、この二十歳前後の頃が、一番、潑剌としていて、輝いているといえるでしょう。

四十代であれ、五十代、六十代であれ、今の自分に期待もせず、希望もなく、ただ漫然《まんぜん》と生きているだけでは、それは、アンチ・エイジングではありません。真逆のただの〝エイジング（aging）〟、加齢にしか過ぎません。劣化していく自分が、そこにいるだけなのです。

普段、茶の間でお馴染《なじ》みの円熟味《えんじゅくみ》のある女優や男優でも、若い頃の写真を見ると、また、違った新鮮《しんせん》さが感じられるものです。自分の若い頃であれば、なおさらでしょう。

「自分も、青春真っ只中の、こんなに若々しい頃があったんだ」ということに気づくだけでも、心は弾《はず》んでくるものです。初々《ういうい》しい青春の思い出を今一度、頭に焼き付けてみるのです。ただ歳を重ねていくだけの自分と向き合っているだけでは、気力も体力も失われていきます。

二十歳の頃の写真だけにかぎらず、年に一度の、氷川きよしのコンサートに出かけるために、体形の維持に努《つと》めておられるお母さんがいらっしゃったとしたら、それもまた、心の健康を維持していく上で、大切なことです。

六十歳前のある女性は、五十五歳を境にして、素敵な殿方と親《した》しく話す機会があっても、胸がときめかなくなったというのです。こうなってくると、若さを維持していく上で、黄色信号が点《とも》っていますから注意が必要です。

こういう胸がときめかなくなった状態を〝バッテリー切れ〟というのです。

あなたも見つけましたか?

その⑤「　　　」を見つける――。

〝友だち〟は先ほど出てきましたので、別の言葉を入れてください。正解は、〝「生きがい」を見つける〟です。「やりがいのあること」や「夢」、「趣味」を見つける、でももちろん正解です。趣味に没頭《ぼっとう》することも大いに結構です。最近では、私の周りにも、料理をする男性やガーデニングなどを楽しんでおられる主婦の方が増えています。

私が勤務する大学には、通信教育部といって、通信制で学べる課程がありますが、通信教育部には、老若男女、さまざまな年齢の方が学ばれています。八十代半ばの男性の方も、見事に卒業の栄冠を手にされています。

また、通信教育部の教育学部からは、つい最近も、お二人のご婦人が五十代半ばで、見事に小学校の教員採用試験に合格され、教壇《きょうだん》に立たれています。これまで、お二人とも、学校ボランティアとして、児童の教育支援にたずさわってこられました。年配の方が若者たちと一緒になって勉強されている姿は本当に清々《すがすが》しく、周りの学生たちを大いに刺激してくれます。

こうしたご婦人方の生き方に見られるように、生きがいややりがいをもって、仕事やボランティア活動に挑戦していきたいものです。

また、七十代のあるご夫婦は、お子さんがいらっしゃらないのですが、地域の子どもたちのために、少しでも役に立てばという思いで、毎朝、通学路の横断歩道に立って、旗《はた》をもって、児童の安全のために尽力されています。

独立行政法人の「ＪＩＣＡ（Japan International Cooperation Agency：国際協力機構）」でも、四十～六十代後半の年齢の方々を対象に、コミュニティ開発や金融、土木、電機通信や果樹栽培、スポーツの普及《ふきゅう》や小学校教育など、さまざまな分野で、シニア海外ボランティアを募《つの》っています。

こうした海外でのボランティア活動も大いに結構です。ぜひ、自分にとって、やりがいのあることを見つけていただきたいと思います。

第3章

楽観主義で〝老い〟と向き合う

第1節 心理学と〝ライフサイクル〟

心の成長と発達

〝ライフサイクル〟（life cycle）とは、一般に、「生活周期」などと訳されています。私たちの誕生から、死に至るまでの過程のことです。

アメリカのエリクソン（E.H.Erikson 1902 - 94）という心理学者は、私たちの誕生から死に至るまでの生涯について、とりわけ、精神的な成長発達とその変遷《へんせん》の上から考察を試みています。ここでは、エリクソンが述べている、精神発達におけるライフサイクル、すなわち、心理社会的発達理論について、ごく簡単に触れておきましょう。

エリクソンは、私たちの心の発達について、対人関係というものを基盤にして、八つの段階から、考察をおこなっています。

人間の成長は〝かかわり〟の中から

人間は、乳幼児期の母親との関係に象徴《しょうちょう》されるように、生まれたときから、人との関係の中で大きく成長を遂げていきます。

まず、最も大切な時期が生後一歳頃までの「乳児期」(第一段階)です。赤ちゃんがお母さんとの触れ合いを通して、人間に対する〝基本的な信頼感〟(feeling of basic trust)を育《はぐく》んでいく時期です。豊かな愛情に支えられた母親とのかかわりや一体感を通して、対人関係の基本である人を信じる力、人に信頼を寄せる力を育んでいく時期です。

第二段階の「幼児期前期」は、三～四歳頃までの時期です。トイレット・トレーニングという社会的習慣の獲得、すなわち、母親からトイレでの排泄《はいせつ》の仕方を教わることで、我慢《がまん》や辛抱《しんぼう》ができるようになること、自分のことを自分でコントロールできる〝自律性〟(autonomy)の感覚《かんかく》を育んでいく時期です。

第三段階の「幼児期後期」は、周りとの関係の中で、自分を積極的に主張していく時期です。母親だけでなく、父親やきょうだい、友だちとのかかわりを通して、自ら進んで行動する自発性や〝主導性〟（initiative）を育んでいく時期です。男らしさや女らしさという性役割を意識し始める時期でもあります。

〝真面目な生き方〟を育む

第四段階の「児童期」は、学校での生活を通して、子どもが、勉学に真面目に取り組む中で〝勤勉感《きんべんかん》〟（industry）を培《つちか》い、物事を成し遂げる喜びや自信、〝自己有能感〟を育んでいくときです。

小学校教育で大切なこと――それは、子どもが真面目に勉強する、一生懸命物事に取り組む、また、お手伝いができたことに対して、「本当によく頑張ったね」「立派です」「ありがとう。助かりました」というように、大人が適切な評価をおこなうことです。

そうしたかかわりが、人間の最も重要な特性としての〝真面目さ〟を育んでいくのです。〝真面目に生きている人〟を、正しく評価できる社会にしていくことが何よりも大切です。

子どもが成長を遂げていくためには、親や先生が適切にかかわり、支援の手を差し延べていくことが不可欠です。

〝確かな自分〟をつくる

第五段階の「青年期」は、二十歳前後までの時期です。社会との関係やつながりの中で、自分という存在を確認し、価値づけ、生きる上での確かな基盤をつくりあげていきます。社会との関係の中で、〝～としての自分〟というような自我同一性、すなわち、〝アイデンティティ〟(identity)を確立していく時期です〝自分らしさ〟を身につけていくときです。

具体的には、〝看護師としての自分〟〝学生としての自分〟〝料理人としての自分〟というように、社会や職業との関係の中で、確かな自分をつくり上げていく時期です。

次の「成人前期」(第六段階)は、およそ二十～三十代までの時期をいいます。この時期は、一般に、身体面での頑健さや健康が自然と手に入る時期です。

生活面でも、就職をする、恋愛をする、よき伴侶《はんりょ》と巡り合って結婚をする、家庭を持つ、子どもに恵《めぐ》まれる、マイホームを購入するというように、多くのものを獲得し、充実《じゅうじつ》感を味わうことのできる時期です。

とりわけ、恋愛や結婚に象徴されるように、異性とのかかわりを通して〝親密さ〟を獲得していくときです。仕事や伴侶とのかかわりに親密性が生まれていくことで、人生は一層充実したものになっていきます。職場や家庭にあって、親《した》しみやすさが感じられることが大切です。

その一方で、この時期は、生まれ育った家族との別れ、失恋、仕事への不適応、経済的な困難《こんなん》、家庭での問題など、さまざまな不適応感や喪失感《そうしつかん》を味わう時期でもあります。

こうしたさまざまな喪失感や困難を、本書のテーマである〝楽観主義〟で乗り越えていくことが、この時期の重要な課題でもあります。

〝張り合い〟のある日々

およそ四十～六十代頃までの成人中期（第七段階）は、獲得と喪失のプロセスであるといってよいでしょう。エリクソンは、この時期に相当する発達課題として、「世代性（生殖性）（generativity）」をあげています（『自我同一性―アイデンティティとライフサイクル』E・H・エリクソン著、小此木啓吾編訳、誠信書房）。

「世代性」とは、次世代の子どもや若者を育てることをいいます。家庭では、子どもの世話をすることが重要な役割となります。職場にあっても、次世代の後輩たちと積極的にかかわってリードし、達成感を味わっていく時期です。次の世代を育てるという感覚や役割がとても大切になってきます。

家庭にかぎらず、職場や地域においても、責任が問われる大切な時期でもありますが、一般的には人生において、最も充実した時期であるといえるでしょう。

ただ、その反面、この時期は人によって、次第に人生の先が見通せるようになり、停滞感《ていたいかん》が強まるときでもあります。身体的な衰《おとろ》えも感じ、気力も低下してくるときです。

ユング（Jung, C.G. 1875 - 1961）という心理学者は、四十歳前後を「人生の午後」

と呼び、人生の転換期であるとしました。こうした言葉に象徴されるように、成人期の半ばは、大きな曲がり角の時期でもあるのです。ただ、すでに第1章でも触れてきましたように、平均寿命が延びている現代社会においては、「人生の午後」は、四十歳前後というより、むしろ、五十歳前後の時期であると考える方がふさわしいように思われます。

この時期は、人生の大きな転換期であるともいえます。これまでの生き方を振り返り、自身の限界を意識し始める時期でもあるのです。その結果、自己否定的になり、〝中年期危機〟が大きく忍び寄ってくるときでもありますので、ポジティブな考え方をたやさないことが不可欠です。

人生の総仕上げ

そして、最後の第八段階に相当する「成人後期（成熟期）」は、人生を完結させる重要な時期であり、エリクソンは自分自身を〝統合〟していく時期であると結論づけています。

この時期は、子育ても終わり、子どもたちも独立し、自らも職場を退《しりぞ》くときです。サラリーマンも自営のお仕事をされている方も、多少の時間差はあるにせよ、第一線を退き、後継者に道を譲《ゆず》る時期でもあります。これまでの自身の人生のすべてを、自分自身の責任で受け入れなければならない時期であるともいえるでしょう。

自らの人生の総仕上げをどうおこなうかが、問われる時期なのです。自分自身の統合を可能にするために、エリクソンは、〝人間的強さ〟としての英知が必要だと述べています。それは、「死」という避《さ》けて通ることのできない現実を前にしてもなお、失われることのない、「生」そのものに対する超然とした関心にほかなりません。

第2節以降では、この「成熟期（老年期）」の課題と老いとの向き合い方について、仏教から見たライフサイクルや楽観主義の視点から考えてみたいと思います。

第2節　「四苦」観とライフサイクル

病と〝臨床〟

さて、心理学では、今、私たちの心の問題と向き合っている臨床心理学に関心が集まっています。そもそも、臨床心理学の「臨床」とは、「病床に臨むこと」を意味しています。

「臨床」という言葉は、患者に対する医療行為を意味するギリシャ語のクリニコス（klinikos）に由来《ゆらい》するとされています。また、クリネ（kline）というギリシャ語は、「床」（ベッド）に相当します。こうしたことからもわかるように、「臨床」という言葉は、人生における〝病〟を、強く意識した言葉であることがわかります。

古今東西を問わず、本来、人間が「病」に陥《おちい》り、「死」と直面し、この世との別れや旅立ちをする際に、心の痛みに寄り添《そ》い、安らかに旅立ちを見守るという仲立ちの役割を果たしてきたのは宗教家としての僧侶の仕事でした。

そうした意味では、今日、大切な家族を失い、深い悲しみにある人の立ち直りを支える〝グリーフワーク〟(grief work) や、最期まで人生に生きがいと誇《ほこ》りを持ち、支援をする〝緩和《かんわ》ケア〟、それらの重要な担《にな》い手は、本来は、僧侶がその役割を担っていたといえます。

しかし、近年では、時代や社会の変化とともに、さまざまな不安や悩みをかかえる子どもや大人たちを援助し、「病」や「死」に直面する人々に対する心理的なサポートの中心的担い手は、医師や看護師、介護士、納棺師《のうかんし》、そして、心理臨床の職務にたずさわるカウンセラーなどの臨床家であり、その役割は、ますます重要になりつつあります。

さまざまな専門家が、人間の不安や悩みと向き合い、適切な援助をおこなっていくためには、人間のライフサイクルというトータルな視野の中で、人間を見つめ、人間がかかえる不安や悩みに寄り添っていくことが、不可欠であるといえます。

「床」に臨むということ

「臨床」という言葉はすでに見てきたように、本来は「病床に臨む」ことであり、人間の病と向き合うことを重視した考え方であるといえます。

しかし、「臨床」という言葉を、より広く、「床（寝どこ）に臨む」ととらえ直してみますと、これからの臨床心理学は、単に「病」や「病床」だけに関心を向けるのではなく、研究や実践の対象を広く人間の生き方すべてにわたって、向けていく必要があるように思います。

振り返ってみれば、私たちは、「病気」のときだけにかぎらず、この世に生を受けたときから「死」を迎えるまでの一生の全過程、すなわち、ライフサイクルのすべてにおいて、「床」に臨み、「床」の世話になって生きているといっても過言ではありません。

赤ちゃんは、生まれたときから「床（とこ）」の世話になっています。「床」の世話になることで充分な睡眠《すいみん》をとり、健《すこ》やかに育つことができます。

幼児期や児童期もまた、〝寝る子は育つ〟という言葉があるように、「床」という存在を抜きにして、その成長発達を考えることはできません。

青年期や成人期のように、颯爽《さっそう》として元気な毎日を過ごしているときでさえ、私たちは疲れた体を休めたり、夜、就寝をするときは、ベッドや布団という「床」の世話になっています。私たちが「死」を迎えたときもまた、誰人も「床」を必要とし、「床」の世話にならざるを得ません。

臨床心理学の使命

このように考えてみますと、私たちが「床に臨む」のは、病気のときだけではないことがわかります。これまでの臨床心理学は、人間の不適応に関する問題や心の症状といった、人間の消極的な側面にのみ目を向けてきました。

その意味では、これからの臨床心理学の研究や実践は、「心の病」だけでなく、乳幼児から老年期に至る人間の生涯、すなわち、ライフサイクルのすべてに、目を向けていく必要があります。単に心の問題や病だけでなく、〝今ここ〟という現実を生きている人間の存在を、全体観の上から探究《たんきゅう》する学問であり、分野でなくてはなりません。

「四苦」観とライフサイクル

ところで、仏教の視座《しざ》から見ますと、「四苦」という考え方が人間のライフサイクルを最も適切に表しているように思います。

すなわち、仏教では、人生において「四苦」という四つの苦しみを避けて通ることはできないとの考え方に立っています。ここでいう「苦」、すなわち、人間の「苦しみ」とは今日の心理学や生理学でいう〝ストレス〟という言葉に置き換えていいかと思います。

ストレスには、たとえば、車や電車、飛行機などによる騒音や異常気象による気温や湿度の高さなどからくる物理的ストレス、異臭《いしゅう》や大気汚染、水質汚染などからくる化学的なストレス、極度の睡眠不足や長時間労働による疲労、体調不良などから起こる生理的・身体的ストレス、そして、親子関係や職場の人間関係における葛藤《かっとう》や悩みから生じる心理的ストレスがあります。

こうしたライフサイクルの中で生じるストレスを、仏教では、「苦」と表現しています。仏教では、この「苦」に四つあると考えます。それが「生」「老」「病」「死」といわれるものです。

私たちのライフサイクルにおいては、この「生」「老」「病」「死」という「苦」を避けて通ることはできません。図2は「四苦」やあとで触れる「八苦」という仏教の視座とライフサイクルの関係について、筆者なりにまとめたものです。

図2　「四苦八苦」観とライフサイクル

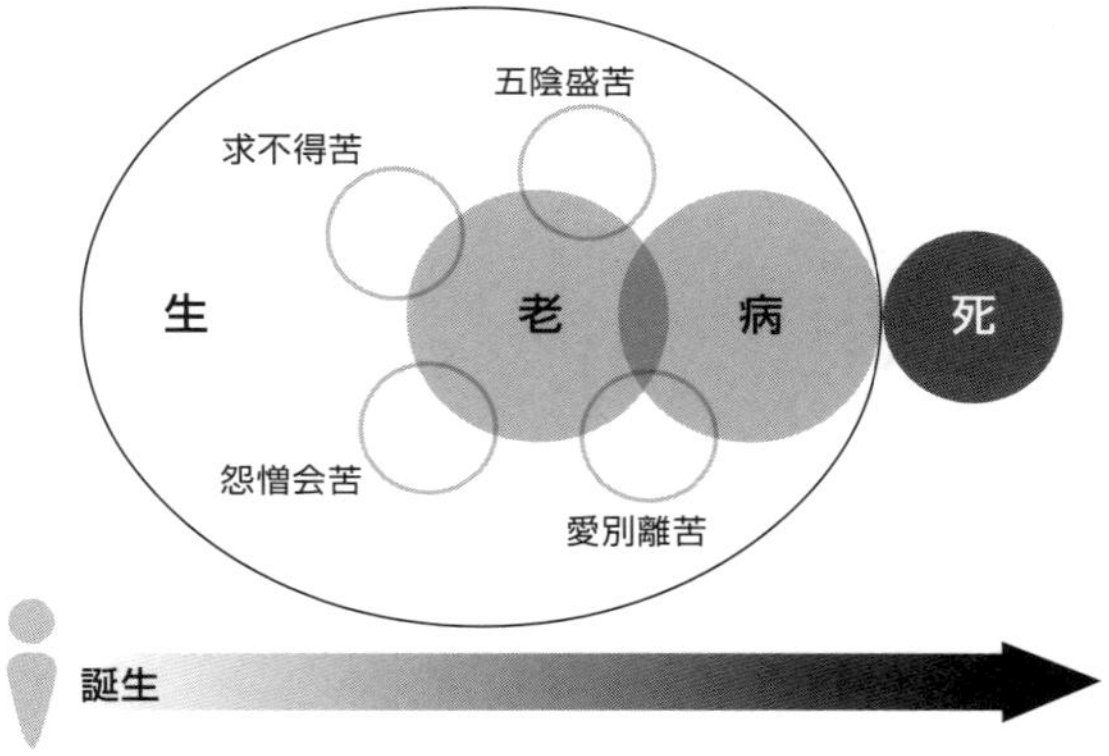

“生きる”ということ

まず、第一に、「生きること」（生）からくる苦しみ——。生きるということは、苦しいことの方が多いといえます。楽しいことや嬉しいこと、喜ばしいことは長い人生の中では、ほんのひとときの時間であるといっていいかもしれません。生きるということは、子どもや青年、成人や高齢者にかぎらず、大変な苦しみやストレスをともなうものです。

学校での仲間によるいじめ、親子間や夫婦間の亀裂《きれつ》や葛藤、家事や仕事の面での不安や多忙感など、生きる過程ではそこにさまざまなストレスがともないます。

仏教が、「四苦観」や「八苦観」の上から、人間の生き方を俯瞰《ふかん》していること自体、人生の大半は、喜びや楽しみよりも、苦しみや辛《つら》さを味わうことの方がはるかに多いことを示唆《しさ》しています。さまざまな不安や悩み、苦悩《くのう》から起こるストレスから逃れられないのが、〝生きる〟ということでもあるのです。

〝老い〟を生きる

第二に「老いること」（老）からくる苦しみ――。これは、人間が生きていく上で直面する最も切実な問題の一つです。「老い」は、私たち人間にとって切実な問題です。どんなにハンサムな学生でも、どんなに美しい女優さんであっても、どんなに潑剌《はつらつ》とした若者でも来《きた》るべき「老い」という問題を避けて通ることはできません。私たちの顔や体、身体能力は、時間とともに確実に衰えていきます。

「老い」という苦しみは、ライフサイクルの中で誰人も逃れられないものであり、図2に示したように、「生きる」過程の中でも、きわめて大きな「苦しみ」として私たちに忍び寄ってきます。老老介護という今日的課題にも象徴されるように、今日の高齢社会を生きる、我々、日本人にとって、避けて通ることのできない問題です。「老いる」ということの意味を心理学的にも哲学的にもしっかりと考察していく必要があります。

“病”とつきあう

第三に、「病むこと」（病）からくる苦しみ――。この「病」という苦しみもまた、誰人も避けて通ることのできないものであり、図2に示したように、「生きる」過程の中にあって、きわめて大きなウエイトを占める問題です。

病気は、決して高齢者だけに特有のものではありません。年齢に関係なく、しかも予告なく、私たちに襲い掛かってくる苦しみでもあるのです。誰もが避けられないものであるかぎり、「病」とどううまく向き合い、付き合っていくかが大事になってきます。

“死”を恐れて、恐れず

そして、第四に、「死」という苦しみ――。「死」は、現在の私たちの「生」と対峙《たいじ》しながら、「生きること」の終着点に位置するものとして、私たちは、意識していかざるを得ません。軽佻浮薄《けいちょうふはく》な人間としての生き方は、「死」という人間のゴールを凝視《ぎょうし》できないことに由来するといっても過言ではありません。

「老」「病」「死」という三つの苦しみは、人間が、絶対に向き合わなければならないものです。「死」の問題は、「老い」や「病気」と相俟《あいま》って、人生の終着点として、私たちに不安と恐怖をもたらす根本的な苦しみであるといえます。

このように、仏教では、「四苦」という観点から、ライフサイクルを俯瞰しています。心理学が、年齢や発達段階というくくりから、人間のライフサイクルをとらえているのに対して、仏教の卓越性はより本質的に人間がたずさえている「業《ごう》」や「苦」という観点から、「死」という人生の終着点を凝視しつつ、見事なまでにライフサイクルを見つめている点にあります。

第3節 「四苦八苦」観とストレス

ところで、仏教では、この「生」「老」「病」「死」という人生の大きなサイクルにもう一歩踏《ふ》み込んで新たに四つの「苦しみ」を加味することで、「八苦」の上から、より重層的で深みのある人生観が展開されています。

前述の「生」「老」「病」「死」の「四苦」に付け加えられた新たな「四苦」とは、「愛別離苦《あいべつりく》」（愛する者と別離する苦しみ）、「怨憎会苦《おんぞうえく》」（怨憎する者に会う苦しみ）、「求《ぐ》不得苦《ふとっく》」（求めても得られない苦しみ）、「五陰盛苦《ごおんじょうく》」（肉体的、精神的な諸要素からくる苦しみ）の四つの苦しみです（図2参照）。

以下に示した新たな四つの苦しみは、「生」「老」「病」「死」という人生のプロセスにおいて、とりわけ、人間関係や人間がもつ欲望という視点から、苦しみを感じとる状況を現実的に見事なまでに描き出しています。

これらの「苦しみ」は、「老」「病」「死」という苦しみと比《くら》べると、必ずしも大きな比重を占めているわけではありませんが、生きるという過程においては、やはり、誰もが避けて通ることのできないものです。

〝別れる〟悲しみ

第一に、「愛別離苦」――。これは、愛してやまない者と別れなければならない苦しみです。この世に生を受けたときから、人生には多くの出会いがあれば別れもあります。人生は、親やきょうだい、子ども、恋人、夫や妻、親戚、親友といった、愛する人との出会いの場であり別れの場でもあるのです。

誰しも人間として生を受けたかぎり、最愛の人とも離れ、別れるという苦しみを避けて通ることはできません。

よく知られているように、ホルムス&レイ（Holmes & Rahe）は、「社会再適応評価尺度」を用いて、人生におけるさまざまなストレス源について検討をおこなっています。その結果、人生において、最も高いストレスは、配偶者との別れ、すなわち、夫や妻との死を体験することであるとしています。

仏教でも、こうした最愛の人との離別からくる苦悩を人間関係や欲望から生じる苦しみの冒頭《ぼうとう》にあげているという点はきわめて示唆に富むといえます。

配偶者にかぎらず、最愛の子どもや親との別れもまた、避けて通ることのできない苦しみです。

「愛別離苦」は、「老」「病」「死」とともに、人生の周期における最も大きなストレス要因の一つなのです。

“憎悪”という怒り

第二に、「怨憎会苦《おんぞうえく》」――。これは、怨《うら》み、憎《にく》むものと出会わなければならないという苦しみのことです。親と子や、夫と妻、きょうだいは、本来は、最も愛すべき存在ですが、人間のエゴや欲求から、そうした存在が最も憎むべき、また怨むべき存在へと様変わりすることも世の常です。

親子の考え方の違いや夫婦の不仲、嫁と姑やきょうだい間の争い、友だち同士の諍《いさか》い、電車内でのトラブル、男女の関係のもつれからくる苦しみ、職場での上司や同僚との不仲に象徴されるように、私たちは、日々の人間関係の中で、怨んだり、怨まれたり、憎んだり、憎まれたりすることで、多くのストレスを体験しています。それによって、心のバランスを崩し、自分を見失うこともあります。

仏教の人間観は、人と人との結びつきや出会いには、愛や尊敬の感情が芽生《めば》える一方で、強い憎悪《ぞうお》の感情が生じる可能性があることを的確に描写《びょうしゃ》しています。この憎悪の感情が高じてくると、人間を非行や犯罪などの反社会的行動へと駆《か》り立てていきます。

"飽くなき欲求"による支配

第三に「求不得苦《ぐふとっく》」――。これは、自らが欲して求めても、それが得られない苦しみのことをいいます。公務員試験に合格したいけれども、合格できない苦しみ、管理職に就きたいけれども昇進できない苦しみ、大好きな人と一緒に暮らしたいけれども、暮らせない苦しみなどがこれに相当します。

健康という、かけがえのない宝物を得たいけれども、思い通りにならない苦しみ、一家団欒《だんらん》の幸せな家庭を築きたいけれども、思うようにはいかないはがゆさも「求不得苦」であるといえるでしょう。

また、健康な体でいたいけれども、思い通りにならない苦しみ、経済的に安定したいけれども、それがままならない苦しみなどもこれにあてはまります。これらはすべて、人間の欲望からくる苦しみであり、ストレスであるといえます。

〝人として在ること〟の苦しみ

そして、第四に、「五陰盛苦《ごおんじょうく》」――。これは、色、受、想、行、識の五陰が、盛んなるゆえに起こる苦しみです。

「五陰（蘊）」とは、人間をつくり上げている肉体や感覚、精神のはたらきを指しています。「五陰盛苦」とは、この「五陰（蘊）」から生じる苦しみ全般のことを指しています。色、受、想、行、識の一つ一つを、はっきりと区分することは容易《ようい》ではありませんが、「色」とは物質や肉体、「受」とはさまざまな感覚器官によって生じる感覚作用、「想」とは、考えや想い、「行」は、意志や記憶、「識」は、意識や心理学でいう認知を含んだ心のはたらき全般であると考えていいでしょう。

「五陰盛苦」は、人間としてこの世に生を受け、人間として存在すること自体が、苦しみそのものにほかならないとする考え方であるといっていいでしょう。これは、きわめて実存的な視点であるともいえます。

“ストレス”と向き合う力

私たちは、「生」「老」「病」「死」という問題、さらには、人間関係における「愛別離苦」や「怨憎会苦」「求不得苦」という現実を避けて通ることはできません。

仏教の「四苦八苦」観から見たとき、ライフサイクルとは、さまざまな苦しみやストレスと向き合う過程であり、それらを克服していく過程であるといえるでしょう。

「四苦八苦」に象徴される、人生万般にわたって生じるストレスは、私たちに、さまざまな不安や無力感、抑《よく》うつ感や苦痛、欲求不満をもたらすという点では、明らかに「有害ストレス」（distress）であるといえます。

つまり、私たちに危害を及ぼすという点で「悪玉ストレス」なのです。仏教における「四苦八苦」観は、そのことを大前提にしているといえます。

しかし、その一方で、「有益ストレス」（eustress）という考え方があります。「善玉ストレス」とも呼ばれ、私たちの生活に、充実感や張りをもたらしてくれると考えられるストレスのことです。

私たちが、さまざまな苦しみや悩み、不安に直面しているときは、それは明らかに、正真正銘《しょうしんしょうめい》の〝有害ストレス〟です。しかし、そうした苦難や不幸が、結果として、私たち人間を大きく成長させ、幸福をもたらしたとすれば、それらのストレスは〝有益ストレス〟であったということになるでしょう。

この〝有害ストレス〟という現実の苦しみや悩みと向き合える力、それらを避けない精神力、将来、それらが〝有益ストレス〟だったと言えるまでに、状況を改善できる力がポジティブ・サイコロジーに裏打《うらう》ちされた楽観主義という視点であると思います。

これからの臨床心理学には、これまで述べてきたように単に〝病に向き合う〟という視点だけでなく、「生」「老」「病」「死」という、私たちのライフサイクルにおいて避けて通ることのできない問題に対して、真摯《しんし》に向き合っていくということが強く求められます。

第4節 「老い」を豊かに生きる

表6 「老い」が惨めだとされる理由

（キケロ『老年について』より作成）

1. [　　　　] の活動から遠ざかる
2. [　　　　] が衰える
3. あらゆる [　　　　] が奪われる
4. [　　　　] と向き合わざるを得ない

すでに、述べたように、一般的には「老い」ということに対して、否定的なイメージがつきまといがちです。「老いる」ことを、決して、私たちは望んでいるとはいえません。

キケロもまた、古代ローマの時代より、言われていたであろう「老年」（年をとり老いること）が、惨《みじ》めなものであるとされる理由を、四つあげています。

表6を見てください。キケロのいう、「老年」が惨めであるとされる、四つの理由、わ

けとは何でしょうか。［　］に何が入るか、皆さんもご一緒に考えてみてください。

“老い”とは何か

その1　［　　］の活動から遠ざかる――。

私たちは、老いることで、どのような活動から、遠ざかってしまいがちなのでしょうか。男性の方であれば、特に、実感されているのではないかと思います。

答えは、「公」の活動です。「社会」や「世間」でもいいと思います。キケロは、「老い」が惨めとされる理由の第一に、「老年は公の活動から遠ざかる」ことをあげました。

私たちは、老いることで、往々にして、公の活動から遠のきがちです。社会や世間との交流の機会がめっきり少なくなります。これは、特に世の男性が気をつけなくてはならないことです。

たとえば、定年退職後のサラリーマンによっては、長年、勤務してきた職場を離れることで、戦う意欲を失った戦士のように、家にこもり、テレビやパソコンの子守に終始し、地域や社会で活動する意欲を喪失してしまう人がいます。

その2 【　　】が衰える——。

「老年」によって、何が衰えるのでしょうか。漢字二文字で考えてみてください。これは、おわかりになった方も多いことでしょう。もちろん、視力や足腰ということでも正解ですが、ここでは、それらを含めて、「体力」や「身体」「肉体」としておきましょう。

キケロは、「老年は、肉体を弱くする」と述べています。「老いること」は、すなわち、肉体的な衰えが始まるということにほかなりません。老化を意識するのは、何よりも、足腰の衰えや筋肉の衰え、目や記憶力の衰えなどを実感するからです。

その3 あらゆる【　　】が奪われる——。

老いることで、何が奪《うば》い去られるというのでしょうか。「ああしたい」「こうしたい」と思うことが、極端に減ってくるというわけです。答えは「快楽」。「快感」や「快」といってもいいでしょう。年をとればとるほど、快楽の追求に、関心を寄せることが少なくなります。

その4［　　］と向き合わざるを得ない──。

最も現実的な問題であるといえるかもしれません。老年は、何に最も近い存在だというのでしょうか。漢字一文字です。前節でも、何度も出てきた言葉です。わかりましたか。そうです。正解は、「死」です。他の年齢層の人々より、「死」に近いところにいるというわけです。

このように、老いるということは、「公」の活動から遠ざかり、「体」が衰え、「快楽」にも関心を示さなくなり、「死」が迫《せま》っているので、自分自身や周囲からも嫌われる、そうした思いや考えが私たちの心の中に存在する、というのです。

「老い」は畏敬を表す言葉

「老」という漢字は、『漢和辞典』や『字源』などで調べてみますと、象形《しょうけい》文字で、元来は頭髪が長く、背中の曲がった老人が杖《つえ》をついて立っているさまを表しているようです。

漢字の語源がそうであるように、「老い」には、「年をとる」「おいぼれる」「年をとって衰える」というように、世間一般的には、どちらかといえば、否定的なイメージがつきまといがちです。私たちは、「年はとりたくない」という言葉をよく口にしますが、こうした言葉も、「老い」を否定的に見ている表現だといえるでしょう。

しかしながら、老年行動学の研究をすすめている佐藤眞一教授は、「高齢者」という言葉より、むしろ「老人」という言葉を好んで使っています。

「高齢」という言葉の響きからは、どうしても〝年齢が高い〟〝歳がいっている〟というイメージだけが強くなりがちなのに対して、「老人」という言葉には、世間も認めるように、肯定的な意味合いも多く含まれているからだ、というわけです。

確かに、よく考えてみれば、かつての江戸幕府でも将軍直属の職にあった人は「老中」と呼ばれていました。豊富《ほうふ》な経験を積んだ老練《ろうれん》な将軍は「老将」と呼ばれてきました。年とった英雄は「老雄」と言われますが、こうした言葉もまた、〝老い〟に対する、尊敬や畏敬《いけい》の念が込められているといえます。

「年寄」という言葉も、相撲界では、弟子を育てる立場の人や、親方の正式名称として、よく知られていますが、この言葉も本来は、武家の政務に従事した重臣のことを指しています。先ほどの江戸幕府の「老中」、大名だと「家老」に相当する言葉だと言っていいでしょう。

よく考えてみれば、お店だってそうです。古くから伝統があり、代々の業や秘伝の味を守り続けている〝創業四百年〟といわれるような格式のある店は、〝老舗《しにせ》〟と呼ばれています。

齢を重ねるということは、若い人たちにはない、威厳《いげん》や統率《とうそつ》力、経験、さらには、さまざまな才能や技能を、持ち合わせているということでもあるのです。

「老い」と人間の徳

「老い」は、人生において、避けることのできない過程ですが、これまでにも述べてきたように、歳を重ねるということは、決して否定的な要素だけではありません。むしろ、これからの高齢社会においては、「老い」というものをどれだけ、前向きに肯定的に見つめていけるかということがとても大切になってきます。

すでに述べてきたように、古代ローマの政治家であり、哲学者でもあったキケロは、名著《めいちょ》『老年について』（岩波書店）を、後世に残しています。訳者である中務哲郎氏は、現存するギリシャ・ラテン文献の中では老年を歌い上げた最初の書物であると指摘《してき》しています。

『老年について』を執筆した紀元四〇年頃は、キケロにとって最も苦しい時期であったとされています。家庭生活の面では、三十年間連れ添った妻テレンティアと別れ、最愛の娘トゥッリアを失い、再婚したばかりの女性との別れを経験しています。キケロが六十一歳のときのことのようです。

こうした中で、キケロは夜も眠らずに執筆活動に没頭《ぼっとう》したようです。『老年について』も、自身を慰《なぐさ》め、苦しみを和《やわ》らげるために、書き綴《つづ》ったとされています。

この著作は、八十四歳になる老人カトーが、二人の若者を迎えて自身の境地から「老い」や「死」と「生」について語るという対話形式で成り立っています。

私たち、人間の身についた品性や品格は「徳」と呼ばれています。それは、人を感化する「人格の力」であるといってもいいでしょう。その意味では、「老い」こそが人間を人間たらしめる「徳」であり、「品格」にほかなりません。

第5節

〝思い込み〟の心と論理療法

〝老い〟とイラショナル・ビリーフ

こうしたキケロのいう、私たち人間の「老い」に対する、消極的で否定的な見方や考え方は、心理学の「論理療法」(Rational-Emotive Therapy：RET)でいう〝イラショナル・ビリーフ〟(irrational belief)、すなわち、〝誤《あやま》った信念〟や〝思い込み〟に相当するものであるといえるでしょう。

論理療法の世界では、表7に示したように、私たちの認知のプロセス、わかりやすく言えば、ものの見方や考え方を、四つの段階から把握しようと努《つと》めています。

「困った出来事や状況」(A)

毎日の生活の中で起こる困った出来事や経験のことです。キケロが指摘したように、年輩者であるシニアにとっては、「老いは、公の活動から遠ざかる」「肉体が衰える」といった目の前の現実が、「困った出来事や状況」（A）に相当します。

私たちは、この困った出来事に、毎日のように遭遇《そうぐう》しています。私たちを不安や葛藤、ストレスへと追い込むものです。

表7　論理療法のプロセス

その1　困った出来事や状況（A：adversity）
↓
その2　不合理な信念（B：irrational belief）
↓
その3　結果（C：consequence）
↓
その4　反論（D：disputation）

「不合理な信念」（B）

先の例で言いますと、「老いは、公の活動から遠ざかる」「肉体が衰える」という事実、目の前の現実（A）に対して、私たちが抱《いだ》いている不合理な考え方や見方のことです。これが、「イラショナル・ビリーフ」（B）と呼ばれているものです。一言でいえば、〝思い込み〟の心理であるといえるでしょう。

論理療法では、この不合理な考え方に気づ

くことが大事であると考えます。

先の例で言えば、シニアの世代の人たちが、〝いつまでも現役でい続けるべきだ〟〝公の活動から遠ざかることは、情けないことだ〟と思ってしまうことです。

肉体の衰えに対して、〝いつまでも青年の体力を維持《いじ》すべきだ〟〝肉体が衰えるということは、恥ずかしいことだ〟という極端な思い込みや考え方を、暗黙裡《あんもくり》のうちに、抱き続けることが、イラショナル・ビリーフに相当します。

イラショナル・ビリーフは、普段は表面には表れてこないのが特徴です。潜在的《せんざいてき》な意識であるということです。つまり、私たちが心の中にたずさえてはいるのですが、なかなか、意識されることのない、気づきにくい心のはたらきでもあるのです。

論理療法では、このいわば、不合理な考え方や誤った信念、〝思い込み〟という潜在的な意識を意識化することで、極端な〝思い込み〟を修復し、自分への気づきを深めていこうとします。

「結果」(C)

結果として生じる本人の問題や悩み、症状のことです。たとえば、公の活動から遠ざかっている自分や現役時代のように、公の場にお誘いがかからない現実や肉体の衰えに対して、「ああ、自分はもう駄目だ！」「もう相手にされていない」「もうおしまいだ」と意気消沈《しょうちん》し、元気をなくしてしまうことです。

この結果こそが、悲観主義なのです

論理療法の考え方の特徴は、現実の「困った出来事や状況」(A)から、本人の問題や悩み、症状という「結果」(C)が生じるのではなく(A→C)、「困った出来事や状況」(A)と「結果」(C)のあいだに、「不合理な信念」(B)というものが、潜在的に存在していると考えるのです(A→B→C)。

つまり、シニアの世代の方々にかぎらず、私たちが「元気や意欲をなくし、失意にかられる」(C)のは、「現実や実際の出来事」(A)が、そうさせるのではなく、〝～であらねばならない〟〝～であるべきだ〟という「行き過ぎた信念や思い込み」(B)にある、というのです。

「反論」（D）

したがって、私たちの心が、健康であり続けるためには、私たちを不幸へと誘《いざな》う、不合理な信念が存在することに対して、気づきを深めることが大切になってきます。その上で、その不合理な考え方を修正していくこと、すなわち、「反論」（D）していくことがとても大切になってくるのです。

〝老いは惨めなものだ〟という消極的な生き方や人生観、すなわち、悲観主義に至る背景には、ある種のイラショナル・ビリーフが潜在的にあるということを、まず知ってかかることが大事です。その上で、そうしたイラショナル・ビリーフに対して、反論していくことが楽観主義的な生き方であり、健康的な生活を送っていく上で不可欠なのです。

もちろん、古代のローマの哲学者であったキケロが、現代心理学における論理療法などという考え方を知っていたわけでも何でもありません。しかし、キケロの人生哲学は、私たちが潜在的にかかえている〝老いに対するイラショナル・ビリーフ〟

を冷静に見据《す》えた上で、それに反論するかたちで人間観を展開しています。

繰り返しますが、キケロの哲学に象徴されるように、不合理な信念や誤った見方に対して反論できる力、心のエネルギーこそが、楽観主義の真髄《しんずい》であるといっていいでしょう。

次に、論理療法の考え方をふまえながら、キケロの楽観主義の哲学の魅力についいて、考えてみましょう。

第6節 キケロと〝楽観主義〟――〝思い込み〟への反論

論理療法の考え方をふまえながら、キケロの楽観主義の哲学の魅力《みりょく》について考えてみましょう。

キケロの哲学は、単に「老い」の分析に終始するのでもなければ、「老い」を受身的に受けとめているのではありません。キケロの哲学の魅力は、「老い」のもつネガティブな側面や私たちの思い込みに対して、一つ一つ丁寧《ていねい》に反論するかたちで、彼の独自の人生哲学を展開している点にあります。

反論 その1 老いは惨め？

まず、――「公」の活動から遠ざかる――という老いの「現実（A）」に対して。

私たちは、そこから〝老いは惨めだ〟という結論（C）に達します。この結論こそが〝悲観主義〟にほかなりません。

キケロは、この「公から遠ざかる」という現実の背後に無意識的に潜んでいる〝生涯、現役であり続けるべきだ〟という「イラショナル・ビリーフ（B）」を念頭《ねんとう》に置いた上で次のように「反論（D）」します。

キケロは、船が航海に出るときの喩《たと》えを持ち出してこう言います。

老年は、公の活動から遠ざかることを否定的に見なしがちだが、それはあたかも、船を走らせるときに、ある者は懸命《けんめい》にマストにのぼり、ある者は甲板《かんぱん》を駆けめぐり、ある者は船底に溜まった水を汲《く》み出しているのに、船尾で舵《かじ》をじっと握って座っている舵取りは何もしていない、と言っているようなものだと。

大きな事業というものは、単なる速さや機敏《きびん》さだけで成し遂げられるのではなく、船尾で静かに座って舵を取る、すなわち、「老年」のもつ思慮《しりょ》深さや権威、見識で成し遂げられるというのです。

毎日の生活の場にあって、仮に公の活動の場に参加する機会が減り、出番が少なくなったとしても、また、若者のするようなことはできなかったとしても、物事に思いを巡《めぐ》らせる力や存在感、円熟味《えんじゅくみ》こそが「老年」の力であるというのです。

〝生涯、現役であり続けるべきだ〟という、私たちの潜在的な意識の中にあるイラショナル・ビリーフへの見事なまでの反論だといえるでしょう。

この私たち人間に与えられた〝反論できる力〟こそが楽観主義にほかならないのです。

反論 その2 肉体の衰えは不幸？

第二に、――肉体が衰える――という老いの「現実（A）」に対してです。

体力が、いかに衰えたとしても不幸せだと結論づけてはならない、とキケロは言います。〝肉体が衰えるから不幸せだ〟というのは「結果（C）」です。その背後には〝肉体は、いつまでも若々しくあるべきだ〟という「イラショナル・ビリーフ（B）」が潜んでいます。

おそらく、キケロはこの私たちの心の根っこにあるイラショナル・ビリーフを知り尽くした上で次のように「反論（D）」しています。

――体力の適度な使い方さえ、わきまえていれば、体力だけを求めすぎる必要はない――というのです。

その上で、健康に留意《りゅうい》すること。ほどよい運動を心がけること。そして、飲食は体力が回復する程度のものにとどめることを具体的な留意点としてあげています。キケロの見事なまでのアンチ・エイジングのすすめといってよいでしょう。

余談になりますが、キケロは〝私は、老人っぽい青年が好きだ〟という、面白いことを言っています。確かに、痩せ細って、流行の最先端をいく金髪の若者ばかりが目立つ社会にあって、どこかふけ顔で体形もふっくらしていて、やってることもおじさんっぽいというような若者と出会ったときなどは、シニアからすればどことなくほっとして好感がもてるものです。

反対に、キケロは〝青年っぽい老人も好きだ〟とも言っています。茶目《ちゃめ》っ気たっぷりで、やることすべてが幼《おさな》く可愛《かわい》げのある年配者には、周りをとりこにする魅力があります。

反論 その3 老いは快楽を奪う？

さて、第三に、——快楽が奪われる——という老いの「現実（A）」に対して。論理療法の考え方にしたがえば、この現実から〝老いは惨めだ〟という「結論（C）」が導きだされるのではなく、そのあいだに〝快楽は人間の生きがいであるべきだ〟という「イラショナル・ビリーフ（B）」が潜んでいるということになります。

キケロは、人間にはそうした「思い込み（B）」が潜在的に存在することを充分に理解していたのでしょう。その上で〝老年が快楽を奪われる〟などというのは、俗説だと一刀両断《いっとうりょうだん》に切り捨てています。

そもそも、自然が人間に与えた病毒の中で肉体の快楽以上に致命的なものはないと、キケロは言い切ります「反論（D）」。「快楽」という言葉は、「欲望」という言葉に置き換えてもいいでしょう。

祖国に対する裏切り、国家の転覆《てんぷく》、敵との密談、淫行《いんこう》と呼ばれる淫《みだ》らなおこない、品行の欠如《けつじょ》、すべてはここからくると喝破《かっぱ》しているのです。

かつて、精神分析学の創始者であるフロイトは、人間をあらゆる行動に駆り立てる本能の世界をイドやエスと呼び、その原理は〝快楽原則〟に貫《つらぬ》かれていると述べましたが、キケロもまた、快楽や欲望というものは致命的な人間の本性であり、理性や智恵の力だけでは決して斥《しりぞ》けることはできないと、考えました。

〝快楽〟や〝欲望〟という私たちがおぼれてはならないもの。この快楽や欲望から、人間を遠ざけてくれるものが〝老年〟にほかならない、と結論づけています。人間の本質を見据えた見事なまでの切り返し、反論です。

このように考えてみますと〝老い〟というものに、感謝の気持ちが湧《わ》いてきます。齢を重ねることができたことへの感謝の念は、楽観主義の重要な要素の一つであり、私たちに人間としての一層の輝きを与えてくれるのです。

――「快楽は熟慮を妨げ、理性に背き、いわば精神の眼《まなこ》に目隠し」をする（前掲『老年について』）――

このキケロの言葉を、心にとどめていきたいものです。

反論 その4 老いは恐れるもの？

最後に、――「死」と向き合わざるを得ない――という「現実（A）」に対して。

老いは、死と向き合わざるを得ない、死と隣り合わせだから惨めだというのが、私たちの悲観主義的な「結論（C）」です。

当然、その過程には〝死は逃れるべきものだ〟〝死は恐れるべきものだ〟という考え方が根底にあるように思います。こうした考え方も「イラショナル・ビリーフ

（B）」の一つの側面であると考えられます。

これに対してキケロは、「死」は、青年と老人に共通のものだと、主張します。「死」は、あらゆる年代に共通のものだ、というのです（「反論（D）」）。実際、キケロは、『老年について』を執筆している時期、愛娘を亡くしています。

人生を炎にたとえるならば、青年が亡くなるのは、あたかも燃え盛る大きな炎が大量の水で消されるようなものであるのに対して、老人の死は、燃え尽きた火が一人でに消えていくようなものだと、いいます。

人間は誰しも、確実に死を迎えるのです。ただ、それがいつになるかは、誰にもわからないですから、四六時中、死を恐れているようではいけない、というのが、キケロの楽観主義の考え方の根底にあるように思います。

キケロの哲学は、老いを恐れずに、老いと向き合うこと、自然体を貫くこと、ありのままの自分でいることの尊さを教えてくれているようです。

「老いは惨めなものだ」という一般的な認識に対して、私たちを奮い立たせるような、知性的で論理的な反論こそ、楽観主義に裏打ちされたキケロの哲学の真髄であるといえるでしょう。

私たちに突きつけられた現実や目の前で起こっている避けようのない事態に対して、切り返せる冷静な精神力、判断力こそが楽観主義の一つの重要な要素であるといえます。

第7節

キケロの「老年学」に学ぶ

キケロは、「老い」の徳について、カトーに代弁《だいべん》させるかたちで、数多くの含蓄《がんちく》に富む言葉を残しています。その中から、私の心に焼きついたものを箇条《かじょう》書きにして紹介しておきましょう。蛇足《だそく》かもしれませんが、そこに、私なりの感想を少々付け加えてみました。

「老い」を創造的に生きる上で、勇気を与えてくれる考え方が、一つひとつの言葉の中に凝縮されているように思います。

○徳を身につける

老年を守るに最も ふさわしい武器は、諸々の徳を身につけ実践することだ（前掲『老年について』）

「老いを生きる」ということは、私たちにとって、人生の集大成をおこなうということにほかなりません。誠実で真面目な振る舞い、質素《しっそ》な生活、社会奉仕の活動が、最後は人間を光り輝かせていくのでしょう。快楽や欲望に支配され、舞台の幕が下りようとする終わり近くで、しくじるような大根役者になることだけは避けたいものです。

○気負いのない話しぶり

老人には静かで気負いのない話しぶりがふさわしいし、

雄弁な老人の整然とした穏やかな演説はそれだけで傾聴を勝ちとるものだ（同前）

もとより、私たち庶民は、雄弁家ではありません。多弁である必要はありません。シニアの方々は、大声で意気込んで語る必要はないのです。キケロがいうように、静かで飾り気のない語り口、気負いのない言葉の中にこそ人生を懸命に生き抜いてきた重みと味わいを実感できるのだと思います。

○当たり前のことが尊敬の証

一見取るに足らぬ当たり前のようなこと、挨拶されること、探し求められること、道を譲られること、起立してもらうこと、公の場に送り迎えされること、相談をうけること、こういったことこそ尊敬の証となるのだ（同前）

生きるということの本質に迫る味わい深い言葉です。私たちが日頃見過ごしているということの中に人間としての尊い姿があるというのです。相手が何気なく、自然体で振る舞ってくれることの中に、本当の意味で人間としての誇りと喜びがあることを実感します。

地位や肩書きに人間としての尊厳《そんげん》はありません。それは、愚かな人の錯覚《さっかく》にしか過ぎないのです。

○円熟味

人生の行程は定まっている。自然の道は一本で、しかも折り返しがない。そして人生の各部分にはそれぞれその時にふさわしい性質が与えられている。少年のひ弱さ、若者の覇気《はき》、早《はや》安定期にある者の重厚さ、老年期の円熟、いずれもその時に取り入れなければならない自然の恵みのようなものを持っているのだ（同前）

人生という一本の道筋は平坦《へいたん》なときもあれば、曲がりくねっている場合もあります。澄《す》み切った晴天《せいてん》の下を歩くこともあれば、嵐の中を歩き続けることもあるかもしれません。

しかし、人生という道は、私も皆さんも後戻りすることはできません。心理学の交流分析理論は「他人と過去は変えられない」と指摘しています。他人の考え方をそうたやすくは変えられないように、私たち人間は過去に戻ることはできないのです。たとえ、どんなに財産や地位があったとしてもです。

だからこそ大切なこと――それは、〝今〟という現実を、悔いなく生きることなのです。青年に眼前の課題に対して、積極的に立ち向かおうとする意気やたくましさがあるように、年配者には青年にはない人生の奥深さ、豊かさを味わうことができる特権《とっけん》があるのです。

キケロの「老年学」とも言える人生哲学は、これからの高齢社会を生きていく上で、私たちに大きな希望と勇気と生きる力を与えてくれます。そのことは、繰り返しますが、キケロ自身がまぎれもなく、正真正銘の楽観主義者であることを証明しているといえるでしょう。

第4章

「夫婦力」を育てる楽観主義のすすめ

第1節　夫婦関係を考える

夫の本音、妻の本音

筆者は常々、夫婦の互いの本音を知り、微妙な心理に迫《せま》っていく上で、恰好《かっこう》の材料となるのは、「サラリーマン川柳《せんりゅう》」（第一生命）であると思っています。

サラリーマン川柳で取り上げられた内容は、風刺《ふうし》が効いていて、パートナーの欠陥《けっかん》を批判し、悪い点を見事なまでにあぶり出しています。それでいて、そこにはどことなく相手に対する配慮《はいりょ》や思いやり、温かな愛情を感じとることができて癒《いや》されます。

ここでは、過去数年間のサラリーマン川柳の中から、代表的なものをお示しして、夫婦の本音に迫ってみたいと思います。

夫婦が出会った頃の、恋愛真っ只中の時期は周りのことが何も見えないほど、また、他人が割って入り込む余地は微塵《みじん》もないほど、二人だけの強い愛情で結ばれた時間や世界がありました。しかし、夫婦とは本当に面白いもので、そうした理想の関係はそういつまでも永く続くものではありません。

日々の親密度の高さのあまり、いつしか、互いの純粋な恋愛感情も薄らいでいくものです。それが夫婦関係の欠点でもあり、滑稽《こっけい》さでもあります。

そう言えば　恋人だった　時期もある

（第二十四回『サラリーマン川柳』〈第一生命〉）

これは、恋愛感情など、遠い昔の話であることが、よく伝わってくる川柳です。

また嫁に　恋したいなんて　思いません

（同前）

この川柳もまた、風刺が効いていて、世のお父さん方の共感を呼ぶのではないでしょうか。奥さんに頭の上がらないご主人の様子が手に取るように浮かんでくる、人間味に溢《あふ》れた作品です。

歌手の坂本冬美さんのヒット曲「また君に恋してる」の歌詞に〝また君に恋してる　いままでよりも深く　まだ君を好きになれる　心から〟とありますが、夫婦関係だけは、なかなか、そううまくはいかないものです。

夫婦関係のひずみ

若い頃は、愛し合って結婚した二人でも、時間の経過とともに新鮮《しんせん》さは薄れがちです。互いの欠点も見えてきます。

最も、夫婦といっても元をたどれば、赤の他人ですから、その意味では双方が長年寄り添《そ》ってこれたこと自体すごいことだといえます。

私たちは、夫婦関係にかぎらず、親子関係やきょうだい関係、職場での上司と部下の関係、ご近所との関係、友だち同士の関係というように、さまざまな人との交わり、すなわち、人間関係の中で生活をしています。

こうした人間関係の特徴は〝感情〟という生き物がついて回ることにあります。〝感情〟という生き物は、友だち同士や教師と子どもの関係に象徴《しょうちょう》されるように、身近な間柄において顔をのぞかせます。

とりわけ、親子関係や夫婦関係は、あらゆる人間関係の屋台骨であり、骨格ともいうべきものです。

親子や夫婦は、家庭という狭くかぎられた空間で顔と顔をつき合わせざるを得ません。また、人生のきわめて多くの時間が双方の関係維持《いじ》のために使われていることを考えますと、どうしても双方のあいだで感情と感情がぶつかりがちです。

――ちょっとしたことが、わたしたちの慰《なぐさ》めになるのは、ちょっとしたことがわたしたちを苦しめるからである――（『パスカルの言葉』田辺保訳、彌生書房）

これは、フランスの数学者でもあり、哲学者でもあったブレーズ・パスカルの「パンセ一三六」の一節です。人間関係というものはとても不思議な世界です。人と接することで滅入《めい》ることがあるかと思えば、反対に、とても幸せな気分に包まれることもあります。幸不幸や快不快の感情が常に交錯《こうさく》しあっています。

しかし、そうした感情の多くは、パスカルが指摘《してき》したように、私たちの日頃の何気ない心遣いや、些細《ささい》な振る舞いによってもたらされます。特に、それは、親子や夫婦という、常に顔を突き合わせている最も身近な関係において、実感するものです。

そうした点では、夫婦関係や親子関係のような最も密度の濃い関係の中では、パスカルのいう〝ちょっとしたこと〟が良い意味でも悪い意味でも、大変大きな意味をもってくるといえます。

ですから、夫婦関係においてはパートナーに対して、日々の配慮にかける〝ちょっとした〟言葉や態度の積み重ねが、いつのまにか、お互いのあいだに大きな溝をつくり出していく可能性があることに心をとどめていく必要があります。

見方を変えれば、日頃のちょっとした気遣《きづか》いやさりげない心遣いを忘れないことが、夫婦の絆《きずな》を堅固なものにしていくのだと思います。

日本の夫婦の課題

ところで、日本の夫婦関係の課題や問題点は、一つには歳を重ねるごとに、夫婦の会話が途絶えがちなことにあるようです。

特に、日本の亭主は妻や子どもと言葉を交わさなくても意思疎通《そつう》ができているかのような錯覚《さっかく》に陥《おちい》っているところがあります。「おいっ、お茶!」というような言葉かけであっても、奥さんと心が通じ合っているかのような一人よがりの錯覚、神経の鈍《にぶ》さが、夫にはあるようです。

〝言葉を発しなくても、気持ちはわかっているはずだ〟というような夫の誤《あやま》った意識、一方通行の考え方が夫婦関係を徐々に悪化させていくといえます。

夫婦関係がギクシャクしてくる背景には、こうした夫の側のコミュニケーション能力の欠如《けつじょ》が少なからず関係しているように思います。ご主人が奥さんとのコミュニケーションづくりの面で努力を怠《おこた》ると、〝熟年離婚〟といった思わぬ落とし穴が将来、待ち受けている可能性があります。

これに対して、奥様方はご主人とは比《くら》べものにならないくらい、コミュニケーション能力に長《た》けています。

余談になりますが、皆さんは〝地球にやさしい〟というキャッチフレーズのエコマークをご存じでしょうか。すぐには思い出せない方のために、図3として掲《かか》げておきました。このエコマークのロゴをよく見てください。何だか人の口を、手でふさいでいるようにも見えます。

図3　エコマーク

しかし、この（公益財団法人）日本環境協会がつくった図案は、本来は「人間の手が、地球をやさしくつつみこんでいる」という意味から考え出されたものです。ロゴには、地球や環境を人間の手で守ろう！　という意味合いが含まれているのです。

このロゴをヒントにして生まれた川柳があります。それは、

エコマーク　びっしり貼りたい　妻の口

（前掲『サラリーマン川柳』）

という作品です。桃ならぬ、口から生まれた桃太郎のように女性は、本当によく

お喋《しゃべ》りをします。そのコミュニケーション能力たるや、男性の比ではありません。この川柳は、日頃のお喋り好きな奥さんの様子が手にとるようにわかる作品です。こうした奥さんの優《すぐ》れたコミュニケーション能力によって、夫がリードされてきたからこそ、日本の夫婦関係が維持されてきたといえるでしょう。

女性と〝表出的役割〟

ところで、アメリカの社会学者パーソンズ（T.Parsons 1902 - 1979）は、家族関係における親の役割について、男性には「道具的役割」があることに言及《げんきゅう》しています。「道具的役割」とは、社会という大きな集団に家族という小さな集団を関係づけるための道具としての役割、機能のことを指しています。

つまり、子どもがいる場合、夫は父親として、社会と家庭の結び目の役割、社会の風を家庭におくる役割があります。経済や社会の動向について、子どもと語り合うことも、大切な父親の役割の一つです。

お客が家に訪ねてきたときには、話し合いの場に子どもを同席させることで、人前でのマナーや社会の中での基本的な態度を子どもに伝えていくことも、「道具的役割」の大切な側面であるといえます。

これに対して、女性には「表出的役割」が期待されます。「表出的役割」とは、家庭の中の緊張を和らげたり、ときほぐすはたらきのことをいいます。どんなときでも、常に明るく笑顔をたやさないことで、家族に安心感を与えるはたらきがあります。

先ほどのエコマークではありませんが、口に蓋《ふた》をしたいくらい、明るく元気な言葉が飛び交い、妻や母親として笑顔を忘れずに、女性が前面に出ている家庭は、健康な家庭であるといえます。

「表出的役割」に象徴されるような明るさ、前を向いて進む姿勢こそが、楽観主義に裏打《うらう》ちされた生き方であるといえます。

そびえたつ　妻は我が家の　スカイツリー

（同前）

妻や母という存在は家庭にあって、スカイツリーのようにそびえ立っているくらいでちょうどいいのです。

ともあれ、「表出的役割」に象徴されるような明るさ、前を向いて進む姿勢こそが楽観主義に裏打ちされた、妻や母の生き方であると思います。そうした意味では、女性は、本質的に、楽観主義的な特性をそなえているといえそうです。

第2節 「夫婦力」を育てる楽観主義的かかわり

ゲシュタルト心理学に学ぶ

心理学の理論の一つに、ゲシュタルト心理学（Gestalt Psychology）という考え方があります。二十世紀のはじめに、ドイツのヴェルトハイマー（Wertheimer,M 1880-1943）らによって提唱《ていしょう》されたものです。

ゲシュタルト（Gestalt）というドイツ語には、「形」や「形態」という意味があります。つまり、ゲシュタルトには「まとまり」という意味が含まれています。それは、「ひとまとまり」や「まとまろうとする性質」「安定しようとする性質」といってもいいでしょう。

今、皆さんはこの本をどこで読んでおられるでしょうか。家の中や電車の中、ひょっとしたら、公園のベンチで読んでおられる方がいらっしゃるかもしれません。その周りには何があるでしょうか。柱時計、本、携帯電話、人、つり革、木、ベンチなど、さまざまなものが目に飛び込んでくるはずです。

目の前にあるものを〝携帯電話〟として見たときは、それは、一つの形でまとまったのです。ゲシュタルト心理学では〝ものを見る〟というはたらきに代表される知覚作用には、〝まとまろうとする性質〟があると考えます。つまり、意味のある一つの「まとまり」として見る傾向《けいこう》があります。

「図」と「地」を入れ替える

図4を見てください。これは、創価大学の学生がつくった〝図地反転図形〟と呼ばれる作品ですが、何が見えるでしょうか。

一見して、動物の顔や人間の顔、ボウリングのピンといった、可愛《かわい》らしいイラストが目に飛び込んできます。しかし、イラストとイラストのあいだの空白部分に注意を向けますと、〝ＨＥＬＬＯ！〟という英語が見えます。空白の白い部分が形としてまとまって、ゲシュタルトをつくり上げたのです。

この場合、注意が向けられ、形としてまとまった白い部分、つまり、ゲシュタルトを構成している部分は「図」（figure）と呼ばれます。これに対して、後ろに退《しりぞ》いて、まとまりを成していないイラストの部分は「地」（ground）と呼ばれます。背景となっている部分が「地」です。

図4 図地反転図形

（滝勇助　作）

夫婦関係と「否定性効果」

こうしたゲシュタルト心理学の考え方を、夫婦関係のあり方にあてはめてみると、どのようなことがいえるでしょうか。

それは、夫婦関係にかぎらず、さまざまな人間関係の場面では、相手の長所より、短所を「図」にしやすいという現象がおこりやすいということです。このように、相手の短所や欠点が「図」として浮き彫りにされ、長所や良さが「地」として背後に退くことを、「否定性効果」(negativity effect)と呼んでいます。

私たちは、友だちとつきあいをしていても、友だちの長所よりも欠点の方が目につきやすいのではないでしょうか。親子関係ともなるとなおさらです。親は我が子の欠点が、子どもは親の悪いところばかりに目がいきがちです。つまり、欠点が「図」になるという、否定性効果が生じやすいのです。

"多義図形"に学ぼう!

夫婦関係においても、同じことがいえます。長年、パートナーと向き合っていますと、どうしても相手の短所に目がいきやすいという傾向が起こります。こうした相手に対する見方が固定化し、修正することが難しくなると、別居や離婚に発展していくことも考えられます。

次の三枚の図を見てください。これらは「多義図形」（ambiguous figure）と呼ばれるものです。見方次第で、いろいろなものに見える刺激図形のことです。いずれも、創価大学の学生が作成したものです。皆さんは、それぞれの絵が何に見えるでしょうか。

図5うさぎと女の子の横顔

（平松昭子・渡邉瑠璃　作）

図5は、本当に可愛らしく描けています。まず、中央に可愛い服を着たうさぎが座っているのが目につきます。では、左右に注意を向けてみてください。いかがですか。二人の可愛い女の子の横顔が、目に入ってくるのがわかるでしょうか。女性らしい作品に仕上

がっています。
それでは、図6はどうでしょうか。右側にやや上を向いた、若い女性の横顔が見えます。では、ほかに何か見えるでしょうか。わかりましたか。わからない方は本を百八十度逆さまに回転してみてください。どうでしょうか。今度は、右側に前髪をたらし、立派な髭《ひげ》をはやしてタバコを口にくわえている男性の横顔があるのがわかります。わかりましたか。

図6 タバコをくわえた男性

（瀬尾順子　作）

図7 大きな鳥と小さな鳥

（福田恵　作）

では、もう一つ、図7を見てください。大きな鳥が見えます。では、先ほどと同じように、本を百八十度、逆さまに回転してみてください。いかがですか。今度は、下の方に小さい鳥が見えるはずです。これもなかなかうまく描けています。

パートナーの長所に目を向けよう

多義図形が示唆《しさ》しているように、パートナーに対する見方も同じです。私たちはパートナーと長年接していると、相手の欠点だけに注意が向きがちです。

それは、真ん中のうさぎはすぐに目につくけれども、向き合っている若い女性の顔はしっかりと注意を向けないとわからないのと同じです（図5）。

また、若い女性の横顔はすぐにわかりますが、タバコをくわえた男性の顔は見つけにくいのと同じです（図6）。大きな鳥は見えても、小さい鳥は絵を反対にして見ないとなかなか発見することはできません（図7）。

パートナーとの関係も同じことがいえます。相手の欠点は目ざとく見つけ出しますが、長所となるとよほど注意を向けないことには見えてきません。他者の短所を見つけることはたやすいですが、相手の良さとなると容易《ようい》ではありません。相手の短所だけに目をやるのではなく、長所にも目を向けられるような心のゆとり、心のしなやかさ、そして、相手の長所を評価していこうとする努力が、人間関係を潤《うるお》いのあるものにしていくといえます。

よく食べて　よく寝る妻の　底力（そこぢから）

（前掲『サラリーマン川柳』）

妻からの　視線にほしい　温暖化

（同前）

こうした川柳には、一見、パートナーの欠点を「図」にしていて、奥さんの姿にあきらめに近いような気持ちが見てとれますが、その一方でどことなく温かさが感じられるユーモアのある作品となっていて、ほっとさせられます。

いずれにしましても、相手の長所を見つめられる心のゆとりや思いやり、心配りが、夫婦関係を潤いのあるものにしていくといえます。

夫婦関係と〝気づき〟

ゲシュタルト心理学の考え方を、私たちの認知を変える治療へと発展させたものがゲシュタルト療法です。ドイツの精神分析医のフリッツ・パールズ（F.Perls. 1893-1970）によって提唱された治療法です。その詳細については省きますが、私たちが人間として成長を遂げていくためには〝気づき〟（awareness）ということが、きわめて大切になってきます。

夫婦関係でいえば、私たちは日々のパートナーに対する接し方や態度について、普段は気づいていないことが多いといえます。

先の例でいえば、相手の短所だけに目がいくあまり、相手の長所には充分な気づきがなされていない場合があります。その場合、「地」となっている相手の長所に意識的に目を向けることで、パートナーの長所を「図」にし、これまで「図」となっていた相手の短所を「地」にすることで（図地反転）、相手に対する見方（認知）を変えていくことが治療的かかわりということになります。

たとえば、夫の長所に気づくということは、ほかでもない、妻自身が自分への気づきを深めるということであり、そうした認知の変容《へんよう》の中に、夫婦関係が改善するための回復力や回復の可能性が潜んでいるといえます。

このように、相手の長所を「図」にすることを可能にするためには、現実を前向きにとらえていこうとするポジティブな視点が不可欠です。物事を後ろ向きにとらえていては、そこから、新しいものは何も生まれてきません。固定的な見方や認知からは、悲観的なものしか生まれてこないことを、理解してかかる必要があります。

牧口先生に学ぶ〝かかわり〟のヒント

話は少し変わりますが、『人生地理学』『創価教育学体系』を著《あらわ》し、若い頃から郷土の暮らしや人々の生活に強い関心を寄せていた牧口常三郎先生（創価学会初代会長）は、社会は「共同親和の生活」の場であり、「精神の結合」の場であると述べています。つまり、牧口先生は人々が助け合って生活をし、心と心が一つにつながっていく場が、本来の社会のあるべき姿でなくてはならない、と考えました。

このような社会を可能にしていくためには、日々の人々とのかかわりの面で、どのような心がけや工夫が必要なのか、牧口先生は『創価教育学体系』の中で、およそ次の三つの点が大切であると述べています。私なりに噛《か》み砕《くだ》いて、述べてみたいと思います。

第一に、一人ひとりが、他人の長所を見出せる存在になること――。社会意識を育《はぐく》んでいくためには相手の良さを認められる、人間としての器の大きさが不可欠であると、指摘されているように思います。

この指摘は、夫婦関係にかぎらず、さまざまな人間関係の面で相手の長所を見つめられる努力や工夫が大切であることを私たちに教えてくれています。打ち解けにくい、苦手な相手であったとしても、相手の良さを認め、評価することで互いの関係がうまく維持されていくものです。

妻が夫の良さを、夫が妻の良さを認められるようになったら、もうその夫婦関係は本物です。

第二に、自分の欠点を知ること。だからといって、自分を責めたりはしないこと――。

これは、今日の臨床心理学が心の健康を維持していく上で強調していることを、牧口先生は、見事なまでに平易《へいい》でわかりやすい言葉で表現しています。すでに述べてきたように、私たちが人間として成長を遂げていくためには、今日の臨床心理学でいう自己への〝気づき〟が不可欠です。

牧口先生は、端的《たんてき》に〝自分の欠点を知ること〟だと述べています。とても勇気のいることです。そして、その上で〝自分を責めないこと〟が大事だと、明快《めいかい》に語っています。これは、私たちが心の健康を維持していく上で最も大切な点です。交流分析理論でいう〝I am not OK.〟にならないことです。

何があっても、自己否定的にならないこと。夫婦関係であれ、親子関係であれ、うまくいっていないときはどうしても自分を責めがちです。妻の立場であれ、夫の立場であれ、親の立場であれ、ぜひ、この点を肝《きも》に銘《めい》じていきたいと思います。牧口先生は、名心理学者でもあると実感します。

そして第三に、他人の長所をうまく活かして自分の短所を補っていくこと——。

家庭や職場、地域という生活の場を、活力のある場にしていくためには、周りを称《たた》えて、人がたずさえている魅力や能力をうまく活用していくことが大事だ、というのです。

これもまた、組織という集団を維持していく上での要所をついていて、感服してしまいます。夫であれ、妻であれ、職場の部下であれ、友だちであれ、近隣の人であれ、人は自分にない才能や力をもっていますから、それらをうまく活用していきなさい、と指摘しています。

人を活かすことができたら、自分の欠点が補えます。夫婦関係も、お互いの欠点を、お互いにカバーし合うことが大切です。

このように、牧口先生は、潤いのある社会や人間関係を実現していくために、きわめて具体的、現実的で、的確なアドバイスをおこなっています。夫婦関係はもとより、日々の人間関係を確かなものにしていく上で、ぜひ、参考にしていただければと思います。

第3節 エクササイズで楽観主義を育もう

答えを誘う会話のすすめ

親子関係を含め、これからの家族関係を考えていく上で最も大切になってくるのが〝夫婦力〟をいかに高めるか、ということです。本節では幾《いく》つかの視点から〝夫婦力〟を育てるためのポイントについて考えてみたいと思います。

親子、夫婦問題をはじめとしたライフカウンセリングを長年おこなってきた荒木次也さん（NPO法人ファミリーカウンセリングサービス主任カウンセラー）は、良い夫婦関係を維持していく上で〝答えを誘《さそ》う会話〟をすすめています。

すでに述べてきましたように、熟年夫婦と呼ばれる年代にさしかかったご婦人方の中には「何も言わなくても、妻はわかっているはずだ」という、凝り固まったご主人の身勝手で一人よがりな考え方に対して、不満を抱《いだ》いておられる方もいらっしゃることでしょう。

熟年世代の奥様方は、会話のない夫婦生活には強い危機感をもっています。「こんな人と、いつまで一緒に生きていかなければならないのか」という危機感です。

財政難　夫婦仲は　再生難

（前掲『サラリーマン川柳』）

こうした現実や閉塞《へいそく》感の漂《ただよ》う夫婦関係に、一石を投じられるのが〝答えを誘う会話〟であるといえるかもしれません。

たとえば、奥さんは、ご主人に言葉を発するときは「あなたは何年もどこへも連れて行ってくれない!!」という言葉づかいをできるだけ控《ひか》えましょう。こうした言い方は、不満だけが相手に伝わって、一向にお互いの関係の改善にはつながりません。また、夫を追い込むことになるので、夫も感情的にならざるを得ません。これでは、かえって逆効果というものです。

そのようなときには、相手の〝答えを誘う会話〟〝答えを引き出す会話〟を心がけてみてはどうか、というのです。

「ねえ、あなた、今度、どこへ一緒に行きましょうか？」というように、やさしく、前向きに、言葉をかけてみるのです。こうした言葉づかいをされると、相手も、不満や不快な気持ちにはなりません。むしろ、妻の甘えや期待感が感じとれる表現ですので、気難しいご主人でも、その奥さんの思いに、しぶしぶでも応《こた》えざるを得ない、ということになります。

何気なく発する言葉にも、ちょっとした気配りや工夫をすることで、お互いの関係は、思わぬかたちで、良い方向へ改善される場合があるものです。

パスカルの言葉を今一度、思い起こしてみてください。人間関係という、人と人との触れ合いにおいて〝ちょっとしたこと〟や〝ちょっとした言葉づかい〟が、私たちを慰め、私たちを幸せな気持ちへと誘《いざな》ってくれるのです。

〝夫婦力〟向上のためのエクササイズ

夫婦関係を回復させ、維持し、向上させていくためには、お互いにポジティブな温かいまなざしでパートナーと接していくことが大切です。

かつて、私は、お母さんが子育てにおいて、お母さん自身が日々の子どもとのかかわりを前向きに点検し、見つめ直すために、次の三つの点からの〝振り返り〟を提案しました。

① 子どもにしてあげたこと（お母さんが世話をしてあげたこと）
② 子どもと一緒に楽しめたこと（お母さんの喜び）
③ 子どもの姿を通して心を動かされたこと（お母さんの感動・学び）

この三つの観点から、一日の子どもとの関係を振り返り、ノートやパソコンに綴《つづ》ってみることを提案しました。

親の子どもに対するかかわりも、ともすれば、失敗や反省ばかりが心に残りがちです。ですから、子育ても、親として世話をしてあげたことや子育ての喜び、感動や学びを中心にポジティブに振り返ることができれば、励みにもなり、自信をもって、子どもとかかわることができるのです。

同じように、夫婦関係もまた、互いの良い面や頑張りを認め合っていくことが新鮮な夫婦関係を維持していく上で、とても大切になってきます。

その意味から、私は、夫婦関係における〝振り返り法〟として、次の三つの点から、パートナーとの関係について、振り返ることを提案したいと思います。とりあえず、以下の三つの点について、頭に浮かんだことを三つ箇条《かじょう》書きで書いてみてください。「もっと書けるぞ」「まだまだ書けるわ」という方は、どんどん書いてくださって結構です。多ければ、多いほど結構です。

表8には〝夫婦の振り返りシート〟の一例を示してみましたので、活用してみてください。

表8　夫婦の振り返りシート

「夫（妻）の良いところ」（長所）

①

②

③

「夫（妻）がしてくれること（してくれたこと）」（感謝）

①

②

③

「夫（妻）との楽しかった思い出」（喜び）

①

②

③

その1「夫（妻）の良いところ」（長所）

たとえば、妻の良いところであれば、①たまに、素晴らしい〝笑顔〟を見せることがある、②人には親切だ、③夫の小遣いは、あげてくれないが倹約家である……というように、気軽に思いつくままに書いてみましょう。まず、三つ探してみましょう。四つ以上浮かんでくるようであれば、なお結構です。

「夫の長所なんて一つも浮かばないわ！」という奥様——何も考えもしないうちから、そう決めつけてかからないでください。「そういえば、○○という良さもあるかもねえ」と、良さを見つけることができたら、大変な進歩です。

その2「夫（妻）がしてくれること（してくれたこと）」（感謝）

夫のことであれば、①気が向いたとき、たまに、私の肩を揉《も》んでくれる、②ときどき、思い出したように掃除機を持つことがある、③母の介護だけは、マメにやる……という具合に書いてみてください。

その3 「夫（妻）との楽しかった思い出」（喜び）

心に残っている思い出でもかまいません。これは、意外とすぐには出てこないかもしれませんが、頑張って見つけてみましょう。

①昨年、夫婦ではじめて北海道旅行に行った、②結婚前、毎週のように、二人で映画を観に行っていた……というように、綴ってみましょう。

逆立ちをしても、パートナーの長所が見つからないという奥様――まだまだトレーニング不足です。相手の長所を「図」にすることができて、はじめて、ゲシュタルト心理学を習得したといえるのですから。

もちろん、これ以外に〝これから、一緒にしてみたいこと〟というように、新たな観点からの振り返りでもかまいません。

ともかく、相手との関係を前向きに、ポジティブに振り返り、評価をすることが大切です。そのような努力を、互いにすることで、お互いの課題を発見できたり、また、理解が深まっていくのではないかと思います。

繰り返しますが、〝否定性効果〟とは、相手の長所よりも短所、欠点に注意を向けやすい傾向のことをいいます。

夫は妻の、妻は夫の欠点に目がいきやすいのです。お父さんもお母さんも、我が子をほめるより、叱ることの方が多いはずです。勉強しないとか、親のいうことが聞けないとか、子どもの悪いところだけに目が向きがちです。反対に、子どもは子どもで、親のマイナス面にしっかりと注意を向けて「お母さんだって、勉強、大嫌いなくせに！」というような反抗的な態度に出ます。

人間は面白いもので、このように、相手の短所だけは絶対に見落とさない習性があるのです。ですから、夫婦関係においても、たまにはパートナーの長所や良さを見つめる努力や工夫が必要なのです。

ポジティブな認知や評価、前を見つめていく生き方が〝楽観主義〟の大切な要素です。パートナーに対するポジティブな認知や見方によって、お互いの関係は、大きく変化していくことは間違いありません。

第4節 〝助け合う力〟と〝変化し合う力〟

夫婦力としての〝相互性〟

家族精神医学の分野で日本の第一人者であられた小此木啓吾《おこのぎけいご》さんは、夫婦間における、〝相互性〟の大切さについて触れています。

〝相互性〟には、大きく二つの力があります。本書では、この〝相互性〟を〝夫婦力〟という言葉に置き換えて考えてみたいと思います。

〝相互性〟――すなわち〝夫婦力〟には、本来大きく二つの力があります。どんな夫婦にも、この二つの力がそなわっているのです。それは、夫婦の健全《けんぜん》さを表す指標でもあります。この力が強ければ強いほど、夫婦の関係は良好です。

互いに〝助け合う力〟

お互いに〝協力し合う力〟〝援助し合う力〟〝心を合わせて前に進む力〟のことです。〝妻が忙しいときには、夫が台所に立つ〟〝夫も仕事をかかえているが、妻もパートで応援する〟〝子どもの塾の送り迎えは、夫の役割〟〝朝の食事の仕度は妻の役目、洗濯物を干すのは夫〟〝祖父の介護は、夫婦二人でやる〟というように、お互いが役割を分担し合う力、双方向から支え合う力が〝夫婦力〟の大切な側面なのです。

どんな夫婦にも、元来、この「互いに助け合う力」があります。長年、農業や酪農、漁業などの第一次産業にたずさわっておられるご夫婦は、特に、仕事の面でこの「助け合う力」が強いことを実感します。

これからの若い夫婦にも「助け合う力」を最大限に引き出していくことが、大切になってきます。

かつて、創価大学鈎治雄研究室では日本と韓国、イギリスの三カ国の成人、およそ千八百名ほどを対象にして、家庭生活意識について、調査をおこなったことがあ

図8 日韓英の成人にみる家庭生活意識

（創価大学鈎治雄研究室2003）

「子どもが良いことをしたときにほめるのは？」

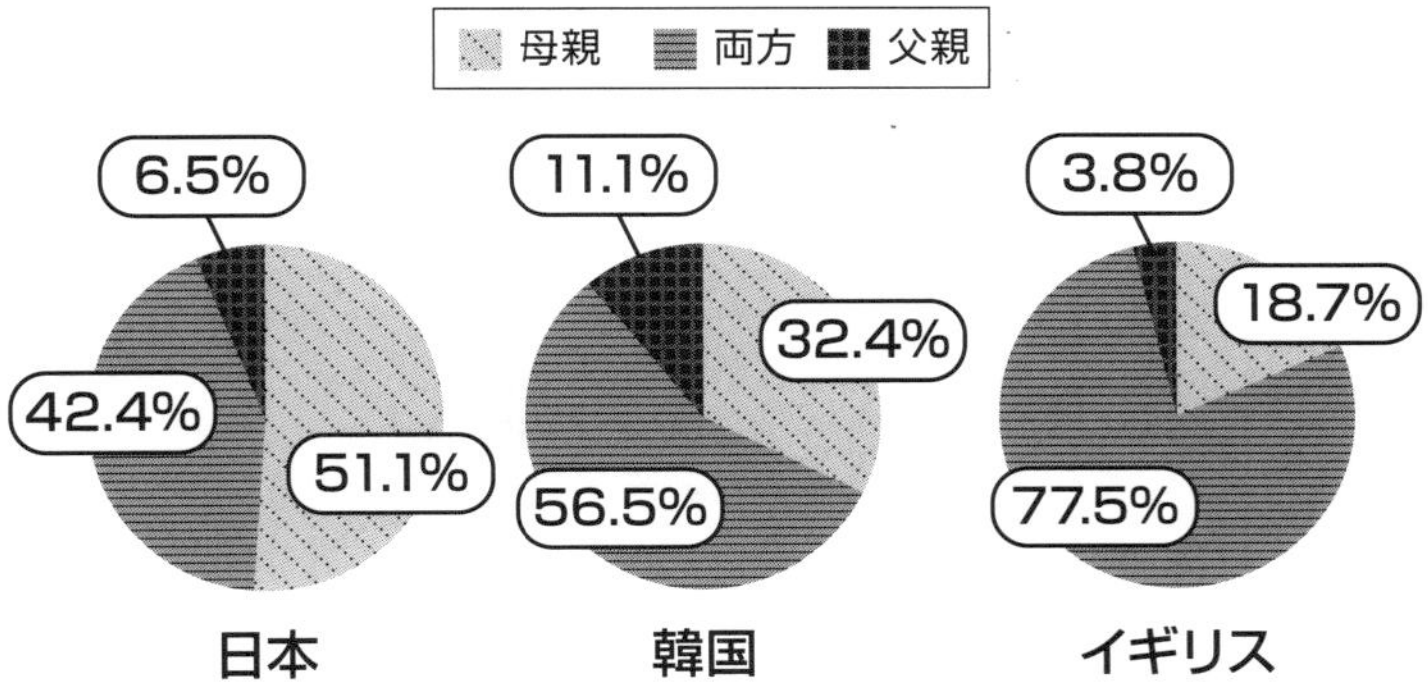

ります。

たとえば、図8は〝子どもが良いことをしたときにほめるのは、父親と母親のどちらだと思うか〟について、たずねたものです。

結果をみると、まず、日本人の場合、「母親がほめる」と回答したのは、およそ五一％、「夫婦両方でほめる」と回答した割合はおよそ四二％でした。これに対して、韓国では「母親がほめる」という回答はおよそ三二％であったのに対して、「夫婦両方でほめる」と回答したのはおよそ五六％に達しました。イギリスでは、「夫婦両方でほめる」とする回答は、さらに高くなっておりおよそ七七％にも及んでいます。

この調査では、子どもを叱る場合にも、同様の結果が得られており、イギリスでは少なくとも、子育ての面では夫婦で歩調を合わせて協力し合っていることがわかります。こうした面もまた、〝夫婦力〟の一端を示しているといえるでしょう。

〝変化し合う力〟を信じて

〝夫婦力〟の今一つの大切な側面は、お互いが〝変わる力〟〝変わろうとする力〟です。たとえば、〝長男が生まれたことで、夫が真剣に仕事に打ち込み、妻も夫を気遣うようになった〟〝孫が病気になったことをきっかけに、祖父母夫婦の会話が増え始めた〟〝次女が不登校気味になり、学校を休むようになってから、夫婦の子育てに対する意識が大きく変わり、真剣に話し合う機会も増えた〟〝夫が失業してから、妻が夫を、夫も妻を気遣うことで、すれ違っていた夫婦の心が一つになり始めた〟〝母の介護が始まってから、夫が妻をいたわり、妻も夫に感謝するようになった〟というように、夫婦は家族の問題をきっかけにして、これまでの閉塞感やマンネリ化の状態を抜け出して、変化する力、変わろうとする力が生じてくる可能性を秘めています。

〝ピンチはチャンス〟と言われます。家族に起こった問題だけに目を奪われていると、一見、悲観的な考えに陥りがちですが、目の前の問題を避《さ》けずに、夫婦が真《しん》摯《し》に向き合うことで、夫婦関係が良い方向に、大きく変わり始める可能性を含んでいます。このような夫婦間の変化こそ、楽観主義に根ざした変化であるといえるでしょう。

この〝変化し合う力〟としての相互性が、夫婦や家族の健全さを表す指標であるといえます。夫婦や家族の健康度のバロメーターである、といってもいいでしょう。繰り返しますが、さまざまな困難《こんなん》をきっかけにして、問題を避けずにお互いが真剣に向き合ったとき、人間関係は、大きく変化する可能性を秘めているのです。言い換えれば、潜在的《せんざいてき》にそなわっている前向きの力が生じる可能性があることを確信していくことが大事です。この前向きの力、希望を捨てない力こそが、楽観主義の重要な要素にほかならないのです。

第5節 夫婦力と〝ストレングス〟

在宅介護と〝ストレングス〟

第1章でも述べてきたように、日本の社会は超高齢社会への道を歩み始めています。その一方で、家庭においては在宅介護の問題が非常に大きな課題となりつつあります。

次章でも触れますが、家族のさまざまな問題と向き合い、それらを乗り越えていくためには夫婦や家族に、ポジティブな人生観や強い精神力が求められます。

最近の介護やポジティブ心理学に関する研究では、こうした現実に直面する問題と向き合える強さ、強固な精神力のことを、「ストレングス」(strength) と呼んでいます。

ストレングスは、私たちが精神的な健康を回復していく上で、また、高齢者のケアや介護を継続していく上で欠かせない要因です。

このストレングスという考え方は、大阪市立大学で家族社会学を専門とされている広瀬美千代さんも述べているように〝介護において、介護者自身が自らをエンパワーしながら、介護を継続できる可能性を示してくれる〟という点で、大変意味のある言葉です。

本書では、このストレングスを、「個人や集団、コミュニティがたずさえている困難を乗り越えることができる力や資源」と定義しておきたいと思います。繰り返しますが、楽観主義という認知様式はこうしたストレングスが中核となって構成されていると考えられます。

ストレングスという言葉には、こうした定義からもわかるように、単に個人に内在する力という狭義の意味あいだけでなく、広くは集団やコミュニティが保有する資源という意味が含まれています。元来、集団内にもそなわっている内在的な力がストレングスでもあるのです。

最近の質的研究から

ところで、かつて、創価大学大学院で臨床心理学の研究をおこなっていた臨床心理士の村上萌美さんは、在宅介護におけるストレングスの内容について、介護者へのインタビューを通して研究をおこなっています。つまり、介護を体験された方との数回に及ぶ面談を通して、介護と向き合うための重要な要因であるストレングスが、具体的にどのような内容で構成されているかを明らかにしようとしました。

これまでの心理学の研究は、どちらかといえば、実験や質問紙調査を用いた研究が中心でしたが、最近では、こうしたインタビューという手法に代表されるように、研究協力者と直《じか》に向き合い、触れ合う研究が重視されています。このような研究は、質的研究と呼ばれています。

この研究は、ご病気で倒れられたご主人の在宅介護の経験をもつ、一人のご婦人の真心からの協力によって実現しました。インタビュー調査は、二〇一一年に、計三回、延《の》べ十時間以上にわたっておこなわれました。

インタビューでは、半構造化面接という手法を用いて、①在宅介護をされる以前の生活に関する「語り」、②介護時の生活の語り、③介護後の生活に関する「語り」の大きく三つの期間について、時系列的に聞き取りをおこないました。そして、インタビューを通して得られた語りから、在宅介護にかかわるストレングス要因の抽出を試みました。

介護にみるストレングスの内容

ここでは、前述の三つの期間のうち、在宅介護時の生活に関する「語り」を通して抽出された、ストレングス要因（介護の継続を支えてきたもの）について紹介しておきたいと思います。

第三者による〝支え〟

第一のストレングス要因は〝第三者による支え〟と名づけられました。これは、介護を支えてきた最も大きなストレングス要因です。介護時の様子について語られた九十一の語りのうちの二十九回、およそ三二％がこの〝第三者による支え〟に関する内容でした。

具体的な語りでいいますと、「お友だちがね、『息抜きに絵を観に行きましょうよ』とかね、いろいろ言ってくれて……」といった語りに象徴されるように、ヘルパーや介護士などの専門職の方々以外の知人や友人に代表される第三者の存在の大きさです。

毎日の生活の中で世間の話題について気軽に話せる相手がいる、ときには、介護からはなれて普通の時間を過ごせる友だちがいる、ちょっぴり愚痴《ぐち》をこぼせる相手が身近にいてくれる、息抜きにいろいろなところに誘ってくれる友人がいるということは、とても大切なことです。

〝第三者による支え〟とは、いうなれば、今の自分を心から支えてくれる存在、本音で語れる存在、気兼ねなく愚痴を言いあえる存在、今の自分が置かれている立場をわかってくれる存在、厳しい現実から、空間的にも、心理的にも遠ざけてくれる存在、ということができるでしょう。それは、介護士やヘルパー、看護師といった専門職の立場からではできないことです。

〝希望〟と〝向上心〟

第二のストレングス要因は、〝希望〟と〝向上心〟です。これは、現状《げんじょう》や今の自分に対して、悲観的にならずに、要介護者の症状を少しでもよくしていこうとする語りです。

九十一の語りのうちの十一回、およそ十二％に相当するものが、この〝希望〟と〝向上心〟にかかわる内容でした。

「ただ、介護の最中も悲愴《ひそう》的にはならなかったかもね。あんまり、悲愴的に考えなかったから、あのう、何とか、常に何とかしようって。この現状だけれども、頑張るって思いが常にあった」という語りはその一例です。この〝希望〟と〝向上心〟に相当するストレングスが、第6章で触れているように楽観主義の重要な構成要素の一つであると考えられます。

信仰の徳

第三のストレングス要因は〝信仰の徳〟です。これは、信仰が、介護の継続に影響を与えていると考えられる語りから抽出されたものです。全体の語りのうちのおよそ九％に相当する語りで、こうした要因が認められました。

「だから、会合にはあえて出て、そして帰ってくると、不思議とフレッシュな気持ちで夫と接することができるみたいな……」。このような語りから、信仰活動がストレングスの形成に大きくかかわっていることが読み取れます。介護以外に、信仰活動にも参加することは時間的には大変ではあるけれども、活動をやり終えたあとの達成感や充実感《じゅうじつ》は、ストレングスの重要な要因の一つとなっていることがわかります。

在宅介護に対する肯定感

第四のストレングス要因は〝在宅介護に対する自己肯定感〟です。在宅での介護にして良かったとする語りです。これも全体の九％に相当する語りで、認められました。

「在宅介護しなければ、主人と私の……、そういう、五年間の凝縮《ぎょうしゅく》した、あのー、やっぱり施設だと、思い切りこっちがしてあげられないし……」

こうした語りは、自らが選択した行動を、前向きにとらえていることを意味しています。心理学の交流分析理論でいう〝I am OK.〟の考え方に通じるものです。それは、ストレングスや楽観主義などのポジティブな生き方に、共通して存在する要因であるといえます。

要介護者との良好な関係

この研究で明らかになった今一つの要因は、〝要介護者との良好な関係〟でした。これまでの介護者と要介護者との良好な関係が、介護の継続に良い影響を及ぼしていると考えられます。これも、全体の九％に相当する語りで認められました。

「私が、やっぱり楽しい方が、主人は嬉しいんだって思うと、あのー、介護をしているときもね、そうなんだって思ったりして、頑張れるっていうことがありましたね」

こうした語りに認められるように〝要介護者との良好な関係〟というストレングスこそが〝夫婦力〟といえるものなのです。

この研究では、以上のストレングス要因に加えて〝感謝の心〟〝社会的サポート〟〝介護者の性格特性〟〝介護利得〟などのストレングス要因が明らかになりました。

このうち、〝社会的サポート〟とはサポートをヘルパーなどの専門職や行政から受けることができたとする語りです。また、〝介護利得〟とは、介護をすることでプラスになることがあったとする語りです。

「主人のたくさんの友人とか、仕事でお付き合いをしていた方と、直接会えたっていうことが、とても良かったことですね」という語りに象徴されるのが、〝介護利得〟と命名されたストレングス要因です。

以上の研究結果が示唆しているように、在宅介護にかかわるストレングス要因すべてに共通しているものは、夫婦愛にほかならないといえます。

第5章

動き始めた楽観主義の心理学

第1節　ポジティブ・サイコロジーの動向

ポジティブ心理学とは

心理学のさまざまな分野の中でも、心の症状の理解や治療に関する領域は、臨床心理学と呼ばれています。しかし、近年の心理学は、単に心の症状や病理、障がいだけに研究や実践を特化するのではなく、人間のポジティブな生き方、すなわち、「幸福」(happiness) や「健康」(well-being)、「楽観主義」(optimism) に根ざした生き方を探究しようとする傾向《けいこう》が、次第に強くなりつつあります。

このような心理学は、ポジティブ心理学 (positive psychology) と呼ばれています。

「病理モデル」から「幸福モデル」へ

ポジティブ心理学の特徴は、人間の弱さだけでなく〝人間の強さ〟にしっかりと目を向けていることにあります。病気に対する不安や私たちに襲《おそ》いかかってくる苦《く》悩《のう》を低減させるだけでなく、人間の真の幸福とは何かを追究《ついきゅう》し、人間が充実した生活を可能にするための介入方法についても、強い関心を寄せています。

こうした心理学が目指すものは、「病理モデル」から「幸福モデル」へのパラダイムの転換にあります。すなわち、これまでの臨床心理学や精神医学は、どちらかといえば、私たち人間が陥《おちい》りやすい不安やストレス、心の病に強い関心を寄せてきました。また、心の症状の特徴や分類、診断に研究が集中してきました。

つまり、従来《じゅうらい》の臨床心理学や精神医学における研究や臨床実践の中心は、人間の「心」の症状や病だけに目を向けすぎてきたといえます。ですから、これまでの臨床心理学は「被害者学」（victimology）であると言われてきました。その関心は専《もっぱ》ら、さまざまな事情や出来事が原因で病に陥った人たちだけを臨床研究や実践の対象にしてきたからです。

しかしながら、人間の行動や心理の否定的な側面や弱点に目を向けているだけでは、人間を正しく理解することはできませんし、幸福へと導くことはできません。

その意味で、心理学は、本来、人間にそなわっているポジティブな性質や強さにもしっかりと目を向けることで、人間の幸福に貢献《こうけん》できる学問でなくてはならない、と考えるようになりました。

つまり、「病理モデル」から「幸福モデル」への転換がこれからの心理学には強く求められているといえます。これまでの心理学の研究は、こうした前向きな議論がおろそかにされてきたといえます。

ポジティブ心理学の特質

聖路加《せいろか》看護大学名誉教授の木村登紀子さんの指摘《してき》にしたがって、ポジティブ心理学の特質をまとめてみますと、以下の四つの点をあげることができます（『ポジティブ心理学─21世紀の心理学の可能性』島井哲志編〈参照〉）。

第一に、ポジティブ心理学は、人間の成長の可能性や強さに着目《ちゃくもく》していること。すなわち、人間がもつポジティブな側面である、希望や知恵、創造、勇気、幸福などに焦点を当てようとしていることです。

第二に、ポジティブ心理学は、人間の悪い面、修復しなければならない面に注意を向けるのではなく、人間の良い面や強さに目を向けようとします。

第三に、ポジティブ心理学は、科学的な検証という面を重視し、科学的な実証の成果を共有しようとするところに特徴があります。つまり、「証拠に基づく」(evidence-based)という点を何よりも重視しています。

第四に、ポジティブ心理学は、人間のポジティブな側面を、実験や調査といった量的な研究でも、また、事例研究や面接法による質的研究の面からも研究することが可能であるということです。

このように、ポジティブ心理学では、あくまでも、人間の前向きで肯定的な側面に着目する中で人間がもつ強さやたくましさを引き出し、個人や社会をサポートすることを大きな目標にしています。そのことは、人間の弱さから目をそらすということではありません。むしろ、人間の弱さを緩和《かんわ》させるための重要な手立てであるといえます。

第2節 セリグマンと楽観主義

M・セリグマンの視点

アメリカの心理学者を代表するセリグマン（M.Seligman 1942 - ）は、私たち人間はどのような人生を歩むことができれば、幸福感が得られるかという点に関して、次の三つの点を指摘しています。

すなわち、〝楽しく、愉快で、心地良い人生〟（pleasant life）を全《まっと》うすること、〝物事に打ち込み、没頭《ぼっとう》できる人生〟であること（engaged life）、そして、〝有意義で、意味のある人生〟（meaningful life）であることの三つです。

私たちの「主観的な幸福感」（subjective well-being）は、こうした人生を送れるかどうかということと、深くかかわっているといえます。

ところで、セリグマンは、人類的視野の上から、二十一世紀の心理学の研究には大きく二つの探究《たんきゅう》課題があることに言及《げんきゅう》しています（前掲『ポジティブ心理学―21世紀の心理学の可能性』）。

民族紛争の解決に向けて

その一つは、民族紛争の解決という問題です。世界では、スリランカやルワンダの争いに象徴《しょうちょう》される複数の民族間の武力抗争や、東ティモールやチベット、チェチェンなどの少数民族の争い、さらには、クルド人らに代表される民族集団の自治や、統合に至るまで、実に多くの民族紛争が、今なお、未解決のままです。

世界が直面する武力衝突は、民族に起源をもち、民族間の憎悪《ぞうお》感情によるところがきわめて大きいと考えられます。こうした終息することのない世界の民族紛争の解決に向けて、現代心理学は何ができるのでしょうか。また、どのような貢献ができるのでしょうか。

セリグマンは、一見、心理学とは無関係のように見える、こうした民族紛争という人類の悲劇を予測し、予防できるだけの心理学の構築や若手の心理学者の育成が急務であるとしています。現代の心理学は、こうした二十一世紀の人類的課題に対《たい》処《しょ》できる力を培《つちか》っていく必要があるというのです。

人間の長所の探究

そして、今一つは、人間の〝長所〟に関する新しい科学の構築です。今日、アメリカの若者たちに巣食う深刻なうつ病が、四十年前と比《くら》べて、十倍近くに及んでいるとセリグマンは指摘しています。

こうした先進国の厳しい現実に目を向けるとき、うつ病に代表される精神疾患《しっかん》の予防が可能な「人間の強さ」(human strength)への理解と育成を目的とした、社会科学の構築の必要性に言及しています。

第二次世界大戦後、心理学研究の多くは「癒《いや》し」に関する研究に終始してきたことに批判の目を向けています。「癒し」の研究は、疾病や障がいに対する消極的なかかわりにほかならないというわけです。

これからの心理学は、私たち人間が、生きがいのある人生を送るために、困難《こんなん》を乗り越えて成長していくのに必要な要因ややる気に関する研究が不可欠であるというのです。

楽観主義の説明スタイル

セリグマンは、今日、〝楽観主義〟の説明スタイルの理論を提唱《ていしょう》したことで、世に知られていますが、それ以前は〝学習性無力感〟(learned helplessness)に関する優《すぐ》れた研究者でもありました。

対処することが不可能な課題を動物や人に与えますと、どんなに努力しようとも、課題は解決されませんので〝何をしても無駄だ〟という無力感が学習され、今、直面している課題だけでなく、後々、容易《ようい》に解決が可能な課題が与えられても、それを解決しようとしなくなります(『現代のエスプリ 第五一二号』「楽観主義」二〇一〇年 ぎょうせい 〈参照〉)。こうした行動傾向は、セリグマンが〝学習性無力感〟と呼んだところのものです。

同様に、その後、セリグマンが強調してきたポジティブ心理学の鍵《かぎ》となる概念《がいねん》である〝楽観主義〟（optimism）もまた、学習されると考えられました。ある場面でうまくやれたという成功体験をしますと、やってみれば何とかなるという楽観主義が学習され、別の場面でもあきらめることなく、課題に挑戦するようになります（同前）。こうした行動傾向は〝学習性楽観主義〟（learned optimism）と呼ばれています。

セリグマンのいう楽観主義の説明スタイルには、次の三つの特徴があります。

第一に、私たちが望ましくない出来事に遭遇《そうぐう》したときに、それらの困難は「一時的」（temporary）であるとする説明スタイルです。つまり、楽観主義の視点は、不幸な出来事はそういつまでも長くは続かないと考えるのです。望ましくない事態は、あくまでも一時的なものであって、永続的なものではないとみなすのです。

楽観主義の説明スタイルの第二の特徴は、私たちの人生において襲いかかってくる困難な事態は、「特定的」（specific）であるとする視点です。不幸な事態に至ったのは、特別な原因があったからだと考えてみるのです。たまたま悪い条件が重なったからだとみなすのです。望ましくない事態に至った原因を特殊な理由に求めるのです。

そして、今一つの説明スタイルが、「外向的」（external）という視点です。セリグマンのいう「外向的」な説明スタイルとは、困難な事態に遭遇したときに、それは自分自身に原因があるのではなく、他のところに原因があるとみなしていくところに特徴があります。つまり、悪い出来事の原因を自分以外のところに求めるのです。

第3節 〝幸福モデル〟を目指して

〝人間の可能性〟に目を向ける

楽観主義の視点は、不幸な事態に対する認知の転換を迫《せま》り、人間を前向きにさせ、人間の知性や賢明《けんめい》さを支援していく上においてきわめて重要な視点です。

臨床心理学が、人間という存在を直視し、人間の生き方と真正面から向き合う学問であるかぎり、これからの臨床心理学には、ポジティブ心理学の視点をふまえた、人間の潜在力や可能性に目を向けた実証的研究が求められています。

その意味では、アメリカのセリグマンが指摘しているように（前掲『ポジティブ心理学』）、これからの臨床心理学には、もう一歩、人間の生き方やその可能性に踏《ふ》み込んだ、「人間的強さの建設」（building human strength）や復権に関心を寄せていくことが求められます。

換言《かんげん》するならば、不幸な事態に直面したときに、ともすれば、否定的になりがちな自己に対して、認知の変容《へんよう》を迫ることで人間の成長の可能性に目を向けられる心理学にしていく必要があります。

〝レジリアンス〟――逆境を跳ね返す力――

昨今《さっこん》のポジティブ心理学が寄せている今一つの関心事は、「レジリアンス」（resilience）に関する研究です。これまでの精神医学や臨床心理学では、どちらかといえば、病気になる原因の抽出と解明に力が注がれてきました。

しかし、近年では病や症状とどう向き合い、どのように跳《は》ね返していくか、という点に関心が集まりつつあります。

レジリアンスという言葉には、「回復力」や「復元力」「弾力性」「跳ね返す力」といった意味があります。換言するならば、水の中で重力に反して、物体が上方に押し上げられる力、すなわち「浮力」に相当するものです。

物体の重量より浮力の方が大きければ、沈められた深さに関係なく、物体は浮き上がってきます。このように、水面下に押し沈められても、再び浮かび上がってくる力が回復力としてのレジリアンスと呼ばれているものです。

東京学芸大学名誉教授の深谷和子さんは、今の子どもたちにも、レジリアンスを育《はぐく》んでいくためのスキルトレーニングが必要であることを示唆《しさ》しています（『子どもの「こころの力」を育てる―レジリエンス』明治図書出版）。その上で、子どもたちに必要なレジリアンスの中身とは、具体的に、①元気、②しなやか、③へこたれない、という心のはたらきであることに言及しています。

これからの臨床心理学に課せられた使命は、こうしたポジティブ心理学の考え方が示唆しているように、本来、人間にそなわっている生きる力や生命力、課題に対してフレキシブルに対応できる力といった、肯定的な側面に焦点を当てた、ケース研究や実証研究の充実に力を注いでいくことにあるといえます。臨床心理学のさらなる発展のためには、こうした新たな挑戦や努力が不可欠であるといえるでしょう。

第4章第5節で取り上げた個人や集団、コミュニティがたずさえている困難を乗り越えることができる力や資源を表す「ストレングス」（strength）という言葉も、現実に直面するさまざまな問題や課題と向き合える強さ、強固な精神力を表しているという点では「レジリアンス」とほぼ同じ意味をもつ言葉であるといっていいでしょう。

ただ、第4章5節でも触れましたように、ストレングスという言葉には、単に〝個人の中にある力〟という狭い意味だけでなく、広く、集団やコミュニティなどがたずさえている資源という意味も含まれています。これからの介護などについて考えるときには、こうした〝集団がもつ力〟や潜在的《せんざいてき》な力についても、重視していく必要があるからです。

いずれにせよ、楽観主義という認知スタイルや人生哲学の根幹には、こうした人間的な強さや、困難に対処し、立ち向かう精神力としての〝レジリアンス〟や〝ストレングス〟が存在します。

本書では、第6章第2節において、哲学から見た楽観主義の性質について言及していますが、そこで考察をおこなっている〝意志〟や〝勇気〟が、心理学でいうところの〝レジリアンス〟や〝ストレングス〟に相当するといっていいでしょう。

〝エンパワメント〟——本来の力を引き出す——

さて、今一つ、〝レジリアンス〟や〝ストレングス〟に関連した表現として、「エンパワメント」(empowerment)という言葉があります。

〝エンパワメント〟という言葉には「権限を与えること」「能力を高めること」「(少数派の集団に付与《ふよ》する)政治権限の強化」「個人が人生の主役になれるように力をつけること」といった意味があります。つまり、エンパワーとは、人に権限を与えること、子どもや集団に力を与えることを意味しています。

元来、エンパワメントという言葉は、アメリカの公民権運動の一環として、抑圧《よくあつ》された地域社会の地位向上という意味で使われた言葉です。それが次第に、女性解放運動における女性の社会的地位向上という意味や障がい者の権利という意味でも用いられるようになりました。

「権限付与」というと、ともすれば受身的な意味にとらえられがちですが、エンパワメントとは、本来、個人や集団が内に秘めている力を引き出すことであるといっていいでしょう。社会のさまざまな資源を再検討し、条件を整えることで、本来、たずさえている力を引き出していこうとする考え方です。

つまり、本来、持っている力を引き出して元気になること、生きる力を漲《みなぎ》らせていくことがエンパワメントであるといえます。最近では、介護や福祉の分野でも、どのような社会的支援をおこなっていくことが、個人や集団のエンパワメントにつながるかということが、注目されるようになりました。

〝リカバリー〟――人間の回復力――

「リカバリー」(recovery)とは、「(悪い状態から)回復すること」「復旧すること」「失ったものを取り戻すこと」を言います。

ゴルフで、打ったボールがバンカー（砂を盛ったくぼ地）などに入ってしまったときに、次の一打で、うまくボールをグリーン（芝を短く刈ってあるゴールのある区域）に乗せることをリカバリーといいます。本来の軌道《きどう》からはみ出したものを、元に戻す作業です。

〝リカバリー〟は、精神保健福祉の分野でよく用いられる言葉です。心のバランスを崩した方がさまざまな援助プログラムや支援を通して、元の元気な状態を回復し、自己実現的な生き方をすることがリカバリーであるといえます。

私たちの人生は紆余曲折《うよきょくせつ》がつきものですが、人生の軌道修正をおこなえる力、回復力こそがリカバリーにほかなりません。

心的外傷から〝外傷後成長〟へ

これまでの心理学では、私たちがさまざまな強いストレスに直面したときに、少し時間をおいて遅れて生じる〝外傷後ストレス障害〟（posttraumatic stress disorder: ＰＴＳＤ）についてはしばしば話題にされ、またその特徴について詳細な分析がおこなわれてきました。ＰＴＳＤという言葉は、皆さんもどこかでお聞きになったことがあると思います。

世界保健機関（ＷＨＯ）が出している「国際疾病分類（ＩＣＤ-10）」によれば、〝外傷後ストレス障害〟（ＰＴＳＤ）とは、「ほとんど、誰にでも大きな苦悩を引き起こすような、例外的に著《いちじる》しく脅威《きょうい》的な、あるいは破局《はきょく》的な性質をもった、ストレスの多い出来事、あるいは状況に対する遅延した、または遷延《せんえん》した反応として生ずる」と定義されています。

わかりやすくいえば、衝撃《しょうげき》的な辛《つら》く悲しい出来事と出合ったときに、少し遅れて出てくる、あるいは長引く不眠や恐れ、パニックなどの症状のことです。傷を負った後、数週間から数カ月にわたる潜伏期間を経て発症します。

〝外傷後成長〟（ＰＴＧ）――逆境後の成長

しかし、最近のポジティブ心理学では、この〝外傷後ストレス障害〟（ＰＴＳＤ）という言葉に対して、トラウマを体験した子どもや大人がそれを契機《けいき》に、人格的成長を遂げる「外傷後成長」（posttraumatic growth：PTG）という言葉が注目されつつあります。こうした新たな概念は、レジリアンス機能やリカバリー、ストレングスと深くかかわっていて、大変興味深いものがあります。

テデスキ＆カルホーン（Tedeschi & Calhoun.）によれば、「外傷後成長」（PTG）は、「外傷的な体験、すなわち、非常に困難な人生上の危機（災害や事故、病を患うこと、大切な人や家族の死など、人生を揺るがすようなさまざまな辛い出来事）、およびそれに引き続く苦しみの中から、心理的な成長が体験されることを示しており、結果のみならず、プロセス全体を指す」と定義されています。

少々長い定義ではありますが、こうした定義からもわかるように、〝外傷後成長〟はきわめて幅広い意味をもつ言葉であることがわかります。

ニュージーランドのオークランド大学に勤務している宅香菜子さんは、〝外傷後成長〟という場合の〝外傷〟（traumatic）という言葉には、ストレスの高い出来事からライフイベント、さらには危機的な出来事まで、さまざまな内容のものが含まれることを示唆しています（『外傷後成長に関する研究』風間書房〈参照〉）。

〝外傷後成長〟の構成要因

前述のテデスキ＆カルホーンは、「外傷後成長尺度」を作成し、十五～八十歳までの男女に実施することにより〝外傷後成長〟を構成している要因の抽出をおこなっています。

その結果、一番目として、「他者との関係」に関する因子（「他の人たちとのあいだで、親密感を強くもつようになった」「人間がいかに素晴らしいものであるかについて、多くを学んだ」など）が、二番目として、「新たな可能性」に関する因子（「自分の人生に、新たな道筋を築いた」「新たな関心事をもつようになった」など）が〝外傷後成長〟を構成している要因であることを明らかにしました。

また、三番目として、「人間としての強さ」に関する因子（「自分を信頼する気持ちが高まった」「思っていた以上に、自分は強い人間であるということを発見した」など）、第四番目の因子として、「精神性的な変容」（「宗教的信念がより強くなった」「精神性についての理解が深まった」）があげられることを指摘しています。

これらの結果から、〝外傷後成長〟が、ストレングスやレジリアンスとも深く関係していることがわかります。

ただ、臨床心理学を専門とされる東海大学特任教授の近藤卓さんは、〝外傷後成長〟という言葉に含まれている「成長」という言葉が、果たして日本の文化に馴染《なじ》むのかどうかという疑問を投げかけています。その上で、「成長」というより、むしろ「起き上がり小法師《こぼし》」のように、元の状態に戻ることに価値を見出す心性という意味で理解していく方がわかりやすいのではないかと指摘しています（『PTG心的外傷後成長――トラウマを超えて』金子書房〈参照〉）。

確かに、〝外傷後成長〟という言葉は私たちにとって、馴染みにくい言葉であるかもしれませんが、こうした言葉が人間のポジティブな側面や力に焦点を当てている点は、注目に値するといえるでしょう。

〝侵入的思考〟から〝意図的思考〟へ

一般に、私たちは心に強い傷が残るような望ましくない出来事に直面したときには、悲しい出来事をいつまでも引きずり、不幸な出来事と関連することは、すべて避《さ》けて通ろうとします。つまり、「どうして、こんなことになってしまったのだろう」「どうすることもできない」「もう駄目だ」といった、「侵入的思考」（ネガティブなものの見方）が強くはたらいて、恐怖や不眠、体の震《ふる》えなどの、さまざまな心理的、身体的な症状が表れがちです。

〝外傷後成長〟とは、このようなマイナス思考である「侵入的思考」が、遅い早いという時間的な違いはあるにせよ、やがて、プラスの「意図的思考」へと変容していくことを仮定しています。

「意図的思考」とは、前向きで建設的な認知プロセスのことであり、遭遇した辛い出来事や悲しい出来事を、肯定的に前向きに意味づけ、そこからきっと得られるものがあるにちがいないと考えるプロセスのことをいいます（前掲『外傷後成長に関する研究』）。

つまり、「意図的思考」とは、まさに本書のテーマである〝楽観主義〟の本質的要素でもあるのです。あとの第6章第2節では、哲学的な視座《しざ》から見た〝楽観主義〟

の特徴について考察をおこなっていますが、「意図的思考」は〝意志〟や〝勇気〟という楽観主義の本質に根ざした思考であると考えられます。

〝楽観主義〟―良い見通しをつけられる力

ポジティブ心理学は、こうしたストレングスやレジリアンス、エンパワメント、リカバリーという考え方と同様に、〝楽観主義〟という考え方を抜きにして、語ることはできません。

すでに、シャイアー&カーバー（Scheier,M.F.&Carver,C.S.）は、楽観主義を「物事がうまく進み、悪い出来事よりも良い出来事が起こるという信念」として定義しています。

本書では〝まえがき〟でも触れたように、〝楽観主義〟を、「さまざまな困難に遭遇したとしても、将来に対して、良い見通しをつけられるような考え方、生き方」と定義しています。

本書では〝楽観主義〟の認知スタイルについて、本章第2節で取り上げたセリグマンの視点に、筆者の視点を加えることで考察をおこなっています。

すなわち、困難な状況を、①「一時的」（temporary）なもの、②「特定的」（specific）なものであるとみなすセリグマンの楽観主義の説明スタイルの視点に、③筆者独自の「意志的」（strong-willed）な視点を加味することで整理をしてみました。「意志的」という特性は、第6章で言及しているように、「未来志向的」（future-oriented）という視点とも深くかかわっています。

セリグマンのいう「外向的」（external）な説明スタイルは、困難な事態に遭遇したときに、それは自分自身に原因があるのではなく、他のところに原因があるとみなすものです。

本書では、このセリグマンの「外向的」な説明スタイルを、筆者自身の「意志的」という視点に置き換えることで、〝楽観主義〟という考え方や生き方の見直しをはかっています。

楽観主義を、「困難な事態にあっても、将来や未来を見据《す》えることのできる前向きな思考や力」であるとするならば、楽観主義には、「外向的」説明スタイルより

表9 ポジティブな生き方を支える言葉

Ⅰ. ストレングス Strength	強い精神力
Ⅱ. レジリアンス Resilience	逆境を跳ね返す力
Ⅲ. エンパワメント Empowerment	本来の力を引き出す
Ⅳ. リカバリー Recovery	人間の回復力
Ⅴ. 外傷後成長 Posttraumatic growth	逆境後の成長
Ⅵ. 楽観主義 Optimism	良い見通しをつけられる力

は、勇気や未来志向性という「意志的」な特性が含まれていると考えられます。

次の第4節で紹介している「楽観主義尺度」は、こうした考え方をふまえて作成したものです。

二〇一〇年に、ノーベル化学賞を受賞した根岸英一博士の座右の銘は、〝Pursue your lofty dream with eternal optimism.（高い夢を持ち、永遠の楽観主義でそれを追求しよう）〟です。何かメッセージを頼まれたら、必ず、この言葉を伝えています。

根岸先生によれば、師事をしてき

たパデュー大学のハーバート・ブラウン教授（一九七九年にノーベル化学賞を受賞）もまた、真の楽観主義者で、失敗しても失敗したと思わない人であったといいます。人間ですから、行き詰まることもあります。でも、それは探索の過程であって、別の道を探ればいいだけだと。そのうちに、宝の山にぶつかるかもしれないから、大きな目標を持って探索していけばよいのだ、というわけです。

こうした仕事や人生に対する楽観主義の姿勢は、本書で強調している〝意志的特性〟、すなわち、困難な事態に直面しても、将来や未来を見据えることのできる前向きな思考や力、勇気に根ざしているといえます。

第4節 あなたの楽観主義度をチェック！

楽観主義尺度とは

さて、創価大学大学院研究科の飯田理子さんと筆者は、楽観主義の程度を測定するための質問紙の作成をおこないました。この「楽観主義尺度」の作成にあたっては、まず、筆者が考案した「簡易式・楽観主義尺度」（全十五項目）に、新たに飯田さんが十五の質問項目を加え、計三十項目で構成される仮の楽観主義尺度の作成をおこないました。

この「楽観主義尺度」の質問項目は、前節でも述べたようにセリグマンの「一時的」「特定的」という説明スタイルに、将来を見据える強さ、前向きな説明スタイルという意味での「意志的」（strong-willed）な視点という、筆者の独自の視点を加味して作成したものです。

この仮の段階での楽観主義尺度のテストが、大学生約三百五十名に実施されました。そして、そこで得られたデータに対して、因子分析という統計的処理をおこなうことにより、最終的に新たな十五の質問項目で構成される「楽観主義尺度」を考案しました。十五の全質問項目は、表10に示しました。

実際にやってみよう！

皆さんは、十五の質問項目について、「4．非常にあてはまる」「3．まああてはまる」「2．あまりあてはまらない」「1．まったくあてはまらない」の、四つの選択肢《し》の中から一つを選んで、その番号を「○」で囲んでください。

回答が終わったら、全十五項目の合計得点を出してみましょう。各項目の点数を全部足して合計してください。

合計得点が、五十点以上の方は「かなりの楽観主義者」であるといっていいでしょう。四十九点～三十八点の方は「まずまずの楽観主義者」だといえるでしょう。三十七点以下の方は「少し工夫が必要な方」であるといえるかもしれません。しかし、こうした方々は、自分に正直な人であるともいえますので、あまり神経質になる必要はありません。まずは、この本をよく読んでいただいて、楽観主義の考え方について理解をするところから始められてはいかがでしょう。

表10 楽観主義尺度

1.	何事に対しても、くよくよしない	4	3	2	1
2.	負けることがあっても、 いつまでも負け続けるとはかぎらない	4	3	2	1
3.	嫌なことがあっても、 すぐに気持ちを切りかえている	4	3	2	1
4.	どんなときでも、希望をたやさない	4	3	2	1
5.	うまくいかないことがあっても、 他のことまでそうなるとは思わない	4	3	2	1
6.	自分の性格の長所に、いつも目を向けている	4	3	2	1
7.	苦しい経験をしたとしても、 そう長く続くものではない	4	3	2	1
8.	いろいろなことがあっても、立ち直りが早い	4	3	2	1
9.	つらい出来事でも、 次への前進のためのステップになる	4	3	2	1
10.	失敗をしても、そのことにこだわらない	4	3	2	1
11.	苦労したことは、必ず、将来に役立つ	4	3	2	1
12.	試練に遭遇したときには、自分で自分を励ます	4	3	2	1
13.	悩みがあっても笑顔で明るく過ごす	4	3	2	1
14.	困難な出来事は、自分にとって試練であり、 やりがいのあることだ	4	3	2	1
15	悪いことは、いつまでも続くわけではない	4	3	2	1

【選択肢】

4. 非常にあてはまる　3. まああてはまる
2. あまりあてはまらない　1. まったくあてはまらない

本節で紹介した「楽観主義尺度」は、現在、私たちの心の健康を理解するための一つの指標として、株式会社エフ・ビー・アイとの提携により、医療をはじめとする幾《いく》つかの機関で、少しずつ活用され始めています。それについて、皆さんがお持ちのパソコンや携帯電話から、以下に載せましたＵＲＬにアクセスされますと、「楽観主義は心のエンジン」というサイトをご覧いただけます（http://fishbowlindex.jp/demo/）。なお、表10「楽観主義尺度」に添付しました「ＱＲコード」（白黒のモザイク画像）に、携帯電話のカメラ機能を使って、直接アクセスできるようにもしておきました。関心がある方は、ぜひ、試してみてください。

この「楽観主義尺度」に回答することによって得られた結果は、あくまでも、一つの参考程度にとどめてください。楽観主義という考え方や生き方をこのような質問項目に置き換えて測定しようとしますと、どうしても、本来の楽観主義の性質や特性が損なわれてしまう可能性があるからです。その点は、留意《りゅうい》をしていただければと思います。

今後は、より多くの年齢層の方々を対象にした研究をすすめる中で、より妥当《だとう》性の高い楽観主義尺度を作成していきたいと考えています。

第5節 〝楽観主義〟で生きる六つのコツ

その1 適度な休息で心の充電

日々の生活の中で、真面目な人ほど、休息をとることが苦手なようです。なぜならば、真面目な方というのは常に、真剣に自分と向き合っているからです。〝日々、成長を〟と心に決めて頑張ることは、人間としてとても素晴らしいことなのですが、自分との対決の時間が長くなりすぎると心は疲れてきます。

緊張状態が長く続くと、心も体も消耗《しょうもう》してしまいます。ゴム糸も長く引っ張りすぎると切れてしまうのと同じです。心身をリラックスさせる手立てを自分なりに工夫して、頑張っている自分にご褒美《ほうび》を与えましょう。

講演活動等で、全国の学校から引っ張りだこのある先生は、休日は大型バイクのハーレーダビッドソンに乗って気分転換をはかっておられるようですが、残念ながら、私たち庶民はハーレーダビッドソンを購入する経済的ゆとりはありません。しかし、私たちは、私たちなりに工夫をして、時間をつくり、自分の生活にあった気分転換の方法をつくり出すことができるはずです。音楽を聴く、楽器を演奏する、ウォーキングをする、一人になってコーヒーを飲む、小さな旅に出るなど――。自分流のリラックス法を、ぜひ、創造してください。

〝休息をとる〟ということは、交流分析理論の言葉を借りるならば、「閉鎖」(withdrawal)ということになります。一時的に、現実から逃避することです。目の前の課題からはなれてみることです。目の前の課題をほっぽり出すと、余計にストレスが溜《た》まるという方は、仕事がある程度区切りがついたところで、自分だけの時間を確保することをおすすめします。

「閉鎖」とは一時的に現実から退却《たいきゃく》することです。一時的に、自分との対決をやめることです。思い切って休息をとって、自分らしさを取り戻すことが少し長い目でみると、家族にも職場にも迷惑をかけない、最良の選択肢であることを知っていただければと思います。〝急がば回れ〟です。人生、寄り道も大事です。

まずは、心のエネルギーを充電しないと、強い楽観主義の心も芽生《めば》えてきません。

いつも元気むき出しの楽観主義の人がいたら、その人は化け物かもしれません。メインストリートから少し離れた裏通りを歩くと心を癒してくれる素敵なお店と出合えるのと同じように、誰にも干渉されない、自分だけの贅沢《ぜいたく》な時間をぜひ、大切になさってください。

かぎられた時間を大切にできるのは、自分以外にはないのですから。

その2 自分を好きになろう！

私たちは、ともすれば、自分の嫌な面が気になり、失敗に目がいきがちです。すでに、第4章第2節で触れたように、自らの欠点や人より劣る点を「図」にしがちです。そして、長所は「地」として背後に隠れてしまいがちです。

これでは、悲観主義に陥ってしまう危険性があります。今の自分を好きになることが楽観主義の基本です。百点満点でなくて結構です。五十点でも六十点でも結構です。頑張っている自分、一生懸命に生きている自分、ひた向きな自分に、ぜひ、及第点、合格点をあげてください。

すでに、「まえがき」でも述べたように、勝ち負けを競う、どのような戦いやスポーツであっても、全戦全勝などということはありえません。どんなに天才のアスリートであれ、スポーツ選手であれ、その道のプロであったとしてもです。

相撲の番付表を見ていて思うことは、どの力士を見ても、通算の勝敗数は、白星と黒星の数がほとんど変わりません。半分勝って、半分負けているのです。何だか、私たちの人生とよく似ています。

通算タイトルの獲得数が、八十期以上にも及ぶ将棋《しょうぎ》界の天才・羽生《はぶ》善治さんも、たとえば、二〇一二年の名人戦では、森内俊之棋士に二勝四敗で負け越しています。名人も負け越すことがあるのです。

米大リーグのニューヨーク・ヤンキースで活躍しているイチロー選手も、二〇一一年の打率は二割七分二厘でシーズンを終了しました。世界のイチローですら、十回バッターボックスに立っても、ヒットの数は三回にも達していません。アウトの数の方がはるかに多いのです。

人生も同じです。〝生涯、負けなし〟などということはありえません。他人に負けることもあれば、自分に負けることだってあります。ですから、自己嫌悪に陥ることなく自分を大事にしてください。

自分を好きにならずして、楽観主義を体得することはできません。何があっても〝I am OK.〟で——。自分という存在を大切にしてあげられるのは、自分自身のほかにはいないのですから。

その3　笑顔の人を目指そう！

楽観主義の人は、いつも心にゆとりがあります。心にゆとりのある人は、笑顔を忘れることはありません。それに対して、悲観主義の人は、心にゆとりがありません。ですから、自《おの》ずと笑顔も失われがちです。

第2章第3節で触れたように、「笑顔」は、人間だけに与えられた特権《とっけん》です。他の動物には見られません。笑顔は人間の幸福の指標でもあります。経済的な豊かさや地位や名誉などとは無関係に、柔和《にゅうわ》な顔はその人の幸福度の証であるといえます。

微笑みは自分自身にストローク（stroke）、すなわち、心の栄養を与えるだけでなく相手にも元気を与えます。人間関係に潤《うるお》いをもたらしてくれます。心がなごみます。温かな笑顔は自分だけでなく、相手も幸せにしてくれます。

笑顔は幸せを運んでくれる不思議な魔法です。笑顔には相手も楽観主義者に変えていく力があるのです。

その4 自ら進んで〝挨拶〟

「挨拶《あいさつ》」の大切さについても、すでに、第2章第3節で触れました。コミュニケーションの第一歩は挨拶から始まります。

自分の方から、率先《そっせん》して挨拶をするには勇気が必要です。相手から挨拶をされてから、挨拶を返すという受身の挨拶は誰にでもできることですが、自ら進んで挨拶をするということは本当に難しいことです。

朝のウォーキングのときに、すれ違いざまに、進んで「おはようございます」と声かけのできる方は生命力のある方ですし、人間として尊敬できる素晴らしい方です。私の職場の大学構内でも、私たち教員に対して進んで挨拶をしてくれる学生は、人間として、私たちよりも一枚も二枚も上の学生たちです。

第2章でも述べたように、挨拶は〝触れ合いの第一歩〟であり、〝相手の心の扉《とびら》を開く鍵〟です。しかし、それ以上に、職場や地域で、同僚や近隣の人と出会ったときに、自ら進んで「おはようございます」「こんにちは」と声を出せる人は生命力のある人です。人間的にも優れている方々です。

楽観主義的な生き方を身につけるためには、このように、生命に張りが必要です。楽観主義は〝生きる力〟と深く関係しています。自ら進んで〝挨拶〟ができる力こそが、楽観主義の源泉であるといっていいでしょう。

挨拶は親子関係や近隣との関係、職場での人間関係を維持《いじ》していく上で、なくてはならない生活上の〝儀式〟（ritual）であり、習慣なのです。

特に、朝の挨拶は大事です。朝、相手から、さわやかな挨拶という最高のプレゼントをもらったら、もうそれだけで一日のエネルギーをもらった気分になります。お互いに、生きるエネルギーを充電できるような挨拶を心がけましょう。

その5　雑談のできる人に

「雑談」の時間は、忙しい現代人にとっては、一見、時間の無駄《むだ》遣いのようで、できるかぎり減らしたいと思いがちですが、「時間の構造化」（有意義な時間の過ごし方）という交流分析の考え方からみますと、「雑談」は、人と人との交流を深めていく上で、とても大切な時間です。

何気ない友だち同士の語らいや、家族での無駄話は、何の価値も生み出さないように見えますが、互いの信頼を築き、人間関係を確かなものにしていくためには、とても意味のある時間です。

くよくよしているときや落ち込んでいるときでも、親《した》しい友人との世間話や雑談によって、もやもやした心や苛《いら》立った気持ちがどこかへ吹き飛んでしまうものです。

雑談は、まさに気晴らしの時間であり、気持ちが晴れる時間なのです。

子どもの不登校や家庭内暴力の問題も、実はこうした家族の時間が少ないことと関係しているようです。家族であれ、職場であれ、友だち関係であれ、語らいの時間が少ないと、どうしてもお互いの関係がぎくしゃくしてきます。

雑談は、私たちの日々の人間関係において、なくてはならない心の潤滑油《じゅんかつゆ》です。歯車がうまく回転するためには油が不可欠です。同じように、人間関係がうまく回り始めるためには、雑談という心の潤滑油が必要なのです。顔と顔を合わせて他愛のない話をする時間、目と目を合わせて同じ空間と時間を共有しての語らいは潤いのある人間関係を築いていく上で、とても大切です。

夫婦や親子での語らいの時間があるということは、もうそれだけで、家中が安心感とやすらぎの雰囲気に包まれます。

ともすれば、時間に追われ、時間に支配されがちな私たち現代人にとって、ときには、無駄な時間も大切だというくらいの心のゆとりをもって、日々の生活をおくりたいものです。

その6　感謝の気持ちを忘れずに

心理学では〝感謝〟（gratitude）は、「人の善意によって、自分が利益を得ていると知ることにより生じるポジティブな感情」と定義されます。

すでに、本章第3節で述べたように、テデスキ&カルホーンは〝外傷後成長〟を構成している要因として、①「他者との関係」因子、②「新たな可能性」因子、③「人間としての強さ」因子、④「精神的変容」因子の、四つの因子のウエイトが高いことを指摘しました。

そして、実は、これらの四つの因子に続く五番目の因子として〝自分の命の大切さを痛感した〟〝一日一日を、より大切にできるようになった〟といった内容の「人生に対する感謝」因子が、〝外傷後成長〟の構成要素の一つであることに言及しています。

こうした指摘は、感謝の心がポジティブ感情の形成と深くかかわっていることを示唆《しさ》している点で、きわめて興味深いものがあります。

東北福祉大学の本多明生《あきお》さんは、最近の内外の諸研究を総括して、次の三つの点を示唆しています（『現代のエスプリ　第五一二号』「進化心理学とポジティブ感情—感謝の適応的意味」二〇一〇年　ぎょうせい〈参照〉）。

①「感謝の心」（感謝特性）は、ストレスと抑うつの程度を弱める——つまり、感謝の気持ちを忘れることがなければ、ストレスをあまり感じることはない。

②「感謝の心」は、睡眠《すいみん》の質も高める——。すなわち、感謝の気持ちがあれば、心地良い眠りにつくことができる。

③女性は感謝し、謝意を表出する傾向が男性よりも高い——。感謝の心は、明らかに女性が強い、というわけです。

こうした一連の結果から、「感謝の気持ち」が心の健康の維持と深くかかわっていることがわかります。人生の大きな壁にぶつかることがあっても、人生の途上でつまずくことがあったとしても、感謝の気持ちは、そうした困難を乗り越えられる一つの重要な要因であることを教えてくれていて、興味深いものがあります。

すでに、第1章では平均寿命が男性よりも女性が高く、百歳以上の人数も、女性が圧倒的に多いことに言及しましたが、こうした一連の女性の長寿化傾向は、ひょっとしたら、「感謝」の気持ちの強さと、あながち無関係ではないかもしれません。

以上の点に加えて、本多さんは、従来の感謝に関する諸研究結果から、次の三つの点を示唆しています。

①最近の進化心理学は「感謝」が、なぜ人間にそなわったかという適応的意味について、強い関心を寄せていること。

②「感謝」が自然淘汰《とうた》によって形成された感情であること。

③「感謝」が集団や社会をつくり、協力関係をつくりあげていく上で重要な役割を果たしていること。

つまり、要約しますと、なぜ、人間がここまで進歩と発展を遂げることができたのか、よりよい人間関係や社会を築くことができたのか、ということを考えたときに、そこには、「感謝」という感情が大きくかかわっているというのです。

進化の過程で、人間同士がつながりや絆《きずな》を深め、望ましい集団や社会をつくって生き残っていくためには、怒りや嫉妬《しっと》の感情、怨《うら》みや憎しみの感情といった、不適切な感情を捨て去り、「感謝」という感情を選択して、残そうとしてきたというわけです。つまり、進化の過程で、「感謝」の気持ちが大切であることを学んできたというのです。

〝感謝の心は幸福の安全弁〟と述べたのは、パナソニック（旧松下電器産業）を一代で築き上げ、〝経営の神様〟と称《しょう》された松下幸之助ですが、感謝の気持ちが湧《わ》いてくると、不満の心が顔をのぞかせなくなります。周囲の人の良さに目をやれるだけの心のゆとりが生じてきます。つまり、第4章第2節でも触れたように、周りの人の長所を「図」にすることができるのです。

感謝の心が出てくると、間違いなく人間関係に好影響を及ぼし、物事に対する見方が前向きになります。楽観主義で進もうというポジティブな生き方へと変わってきます。「ありがとう」「うれしい」という言葉を、自然なかたちで口に出せるように心がけていきましょう。

「笑顔」と同様に、「感謝」という心のはたらきは人間だけに与えられた特権なのですから。

なお、表11には、「楽観主義で生きる6つのコツ」について、空欄《くうらん》を設《もう》けるかたちで示しておきましたので、楽観主義について考える際の材料としてご活用ください。

表11　楽観主義で生きる6つのコツ

その1　適度な［　　　　　　］で心の充電を！

その2　［　　　　　　］を好きになろう！

その3　［　　　　　　］の人を目指そう！

その4　自ら進んで［　　　　　　］をしよう！

その5　［　　　　　　］のできる人になろう！

その6　［　　　　　　］の気持ちを忘れずに！

第6章

立ち向かう〝楽観主義〟の哲学

第1節　〝心の健康〟を取り戻す五つの力

楽観主義という人生に対する構え（stance）や態度（posture）は、どのような土壌から育《はぐく》まれていくのでしょうか。言い換えれば、何が私たちに楽観主義という精神的構えを育んでいくのでしょうか。

本節では、その前提となる心の健康を取り戻す力について、以下の五つの視点から考えてみたいと思います。

その1　「涙」の力

すでに述べてきたように、生きるということは生活の中で四苦八苦という〝苦〟を体感するということにほかなりません。〝苦〟を抜きにして、人生を語ることはできません。

そうした意味では、楽観主義という人生に対する構えは、まず、目の前の辛《つら》い現実をしっかりと受け止めることから育まれていくと考えられます。

不思議なもので、私たちが流す涙は私たちの精神活動と深くかかわっています。〝うれし涙〟という表現や〝涙ながらに語る〟という言い回しにみられるように、涙は人間の感情を端的《たんてき》に表しているといえます。〝喜怒哀楽《きどあいらく》〟と密接に関係しているのが涙にほかなりません。

〝涙をおぼえる〟〝涙を禁じえない〟〝涙を誘《さそ》う〟という慣用句には涙が流れそうになるのを抑《おさ》えることができないという意味が含まれていますが、こうした言い回しは喜怒哀楽のうちの〝哀れみ〟の感情を表したものであり、相手に対する同情心と深くかかわっていることがわかります。

中でも、悲しいときに流す涙、悲嘆に暮れているときに流す涙は、人間の弱さを象徴《しょうちょう》しているようです。〝涙に暮れる〟という表現は、そのことをよく表しています。〝暮れる〟は〝暗れる〟で、悲しみに直面したときの暗い気持ちを読み取ることができます。

人が涙を流す姿に接して、私たちは人間のひ弱さをあらためて思い知らされるのです。〝涙に沈む〟という表現もまた、深い悲しみにうちしおれた人間の姿を言い表したものです。涙は人間だけに許された〝弱さと向き合う術〟であるといっていいかもしれません。

しかしながら、私たちが悲しみに打ちひしがれているときに流す涙は、心の安定や健康を維持《いじ》していくという点できわめて大きな意味があります。少し長い目で私たちの生き方を振り返ってみたときに、涙は人間を強い存在へと変える潜在的《せんざいてき》な力を持っていることも確かな事実なのです。涙は必ず、未来への生きるエネルギーへと変わる力を秘めているのです。

涙が枯《か》れるほど泣き続け、悲しみに打ち沈んだあとには意外と冷静な自分がいる、穏やかですっきりとした自分がいる、そして、生命の底から生きる強さが湧《わ》き出てくることを実感された方も多くいらっしゃるのではないでしょうか。

〝泣きたいときに泣け〟——この使い古された言葉の中に楽観主義が湧き出てくる原点があるように思います。悲しみや辛さから逃げるのではなく、深い悲しみの中に自分を置くこと、そして、心ゆくまで悲しみを受け入れることです。人間は、悲しいときに涙を流すようにできているのです。それが人間の自然な姿なのです。涙が枯れるまで悲しみと時間を共有することです。

その2 「支え」の力

第二に、穀物《こくもつ》や果実が実るためには、豊潤《ほうじゅん》な土壌が不可欠であるように、楽観主義という人生の構えが育まれていくためには周囲からの支えの力という土壌が必要になってきます。

人間の成長発達のためには、親や周りの大人の愛情という力が不可欠であるように、人間がさまざまな困難《こんなん》を克服していく過程にあって、楽観主義を育んでいくためには〝心の支え〟となる周囲の存在が不可欠です。心豊かな人との出会いや確かな人間愛を体験してきた人は、楽観主義という人生の構えが育まれやすいと言ってよいでしょう。

つまり、精神的な〝支え〟の力が必要なのです。

後述するように、盲聾唖《もうろうあ》という三重苦と向き合ってきた、真の楽観主義者ヘレン・ケラー（Helen Adams Keller 1880-1968）にも、彼女を五十数年間にわたり、育て導いてきたサリバン先生という大きな〝心の支え〟がありました。

また、前章では在宅介護を支えたストレングス要因に関する質的研究の成果の一端を紹介しましたが、この研究でも在宅介護にかかわる最も大きなストレングス要因は〝第三者による支え〟でした。すなわち、真の友人という心を分かち合える存在であったのです。

つまり、今の自分を心から支えてくれる存在、本音で語り合い、愚痴《ぐち》を言い合える存在、今の自分の立場をわかってくれる存在が悲観的な考え方を退《しりぞ》け、心を健康にしていくと考えられます。

パスカルは「人間は、どんなに悲しみにみちている時でも、だれかがうまい具合に、気ばらしに引き入れてくれたら、ほら、もうその間はこんなに幸福なのだ」（前掲『パスカルの言葉』）と述べていますが、この気晴らしに引き入れてくれる存在、自分を元気にしてくれる存在が、〝支えの力〟にほかならないのです。

東日本大震災を経験された多くの方々は、本当の意味で私たちに生きることの範を示してくださっています。震災の二十日後、読売新聞はその中の一人である岩手県宮古市の昆愛海《こんまなみ》ちゃんのことを大きく取り上げました。

当時、四歳だった愛海ちゃんは、津波で両親と妹が行方不明になりました。愛海ちゃんが祖母と出会うことができたのは震災から一週間後のことでした。

新聞では、おばあちゃんと再会できて笑顔いっぱいの愛海ちゃんの写真とともに、海辺に向かって両親の帰りを待つ後ろ姿を撮影した写真が大きく掲載されていました。当時、両親の帰りを一人待つ愛海ちゃんは、覚えたばかりの平仮名で、「ままへ。いきてるといいね。おげんきですか」（読売新聞　二〇一一年三月三十一日付）と書き綴《つづ》ったそうです。

愛海ちゃんの悲しみが痛いほど伝わってくる記事でした。その後も愛海ちゃんのことは新聞が何度も取り上げています。しかし、この子もきっと祖母をはじめとする周りの人々の温かな心の支えと心の中に生き続ける両親の深い愛情という支えによって、心豊かな女性として、きっと、社会に大きく貢献《こうけん》する人に成長していくに違いありません。

楽観主義という生き方は、何もないところからは生まれてきません。そうした意味では、周囲からの温かい「支え」の力は心を健康にし、楽観主義という力強い生き方を育んでいく上で欠くことのできないものです。

また、東日本大震災を経験されたある婦人は宮城県でマンション住まいをされていました。マンション住まいは日頃の近所づきあいが少なく、人間関係が希薄になりがちです。しかし、このご婦人は震災という非常事態で普段付き合いの薄い両隣や上下階に住む人たちとも対話し、協力し、協調し合えたことが大きな収穫であったとしみじみ語っておられました。

婦人はこの支え合う力を〝ご近所力〟と呼んでおられました。この〝ご近所力〟には、①新たな人間関係が生まれる、②互いの心が一つになる、③対話、協力を通して生きる喜びを実感できる、という効果が期待できます。

地域の住民にとっては、ご近所力という力もまた、私たちを楽観主義へと導いてくれる大切な〝支えの力〟の一つであるといえるでしょう。

その3 「時間」の力

私たちの心の健康を回復してくれる今一つの力は〝時間〟の力であると思います。私たちが現実の悲しみや辛さを受け止め、そこから立ち上がっていくためには〝時間〟という力を借りる必要があります。心に元気を与え、楽観主義という人生の視《し》座《ざ》が育まれていくためには、この〝時間〟という力が不可欠です。

紀元前から紀元後にかけてのローマ時代を生きたストア学派の政治家セネカは、時間の価値や尊さについて、私たちに語りかけている一人です。セネカは、その著書『人生の短さについて』の中で、「年金や恩賞は人々が最も好んで受取るものであり、そのためには自分の苦労でも努力でも勤勉でも提供する。しかるに誰ひとりとして時間を評価する者はない」(茂手木元蔵訳、岩波書店)と指摘《してき》しています。

ここでは、セネカは人生において使える時間はかぎられており、時間を無料同然に惜しみなく使い、時間を最も安価なものとして価値づける私たちに対して、強い警鐘《けいしょう》を鳴らしているのですが、〝時間〟は、人間の成長や心の健康の回復という点からもきわめて重要な意味をもっています。

深い悲しみや辛さを味わうという現実に直面したときに、私たちが立ち直るまでには〝時間〟というかけがえのない治療薬を必要とします。それは、目に見えない癒しの力であるといってもいいでしょう。

建物の修復に時間を要するように、私たちが現実に対する見方を変えられるまでには、時間という治療薬、すなわち、〝癒し〟の力が必要なのです。

シニアの皆さんであれば、敏《とし》いとうとハッピー&ブルーという歌謡グループをご存じの方も多いのではないでしょうか。

いささか古い話で恐縮ですが、この歌謡グループは一九七四年に「わたし祈ってます」（五十嵐悟・作詞作曲）というムード歌謡を大ヒットさせました。男女の切ない別れを歌った曲ですが、その三番の歌詞の中に次のような一節があります。

「わたし祈ってます　時間が必ず解決するのよ　どんなに苦しい出来事だって……」という一節です。

男女の悲しい別れもまた、必ず時間が解決してくれると訴えかけています。

こうした歌詞にもみられるように、私たちの人生において、時間は非常に大きな回復の力をもっているといえます。時間という「間」は、私たちの心に、癒しと平常心、心のゆとりと生きる力、笑顔をもたらしてくれます。また、「焦らない」ということの大切さを教えてくれているように思います。

その4 「言葉」の力

そして、楽観主義という心の構えが育まれる今一つの要因は〝言葉〟の力です。楽観主義に象徴される生きるための構えや態度を形成していく上で〝言葉〟の力や音楽の力は、大きな影響力があります。

最近の若者たちがカラオケなどで好んで唄う流行歌の歌詞には、現実に直面するシビアな出来事や事態に対して、認知の変容《へんよう》を迫《せま》り、見方を変えていこうとする前向きな内容の歌詞が多く見受けられます。そして、それらの曲や歌詞には、生きる力を鼓舞《こぶ》しようとする表現や言葉が、多くちりばめられています。

こうした若者が口ずさむ流行歌の歌詞は、人生にあって〝言葉〟の力がいかに大きいかということを私たちに教えてくれています。

本章の第3節でも紹介しているように、人生の艱難辛苦《かんなんしんく》を味わった哲学者や文学者、芸術家の言葉もまた、私たちの心を奮い立たせ、人生に希望の光を灯《とも》してくれます。

その一つとして、スイスのカール・ヒルティ（Carl Hilty 1833 - 1909）は『幸福論』の中で、次のように、私たちに語りかけています。

――「あらゆる出来事に際して、わが身を省みて、これに対抗すべきどのような力を自分が持っているかを吟味《ぎんみ》するがよい。（中略）困難な仕事に出会えば、根気を、侮辱《ぶじょく》をうければ、忍耐を。このように自分を慣らせば、もはや想念によって心を乱されることはなくなるであろう」（『幸福論【第一部】』草間平作訳、岩波書店）――

こうしたヒルティの言葉に触れることで、心も元気になり、私たちは悲観主義を排して楽観主義の心を手にすることができます。

もう一つ、詩人の柴田トヨさんの言葉から。

（私は不幸せ……）
溜息《ためいき》をついている貴方《あなた》
朝はかならず
やってくる

（『くじけないで』柴田トヨ　飛鳥新社）

もとより、こうした精錬《せいれん》された言葉にかぎらず、日々の生活の中で何気なく語りかけてくれる親や友人の言葉の中にも元気を取りもどす大きな力があることはいうまでもありません。かつて、作家の阿部次郎は「如何《いか》なる場合に於《お》いても、思想は力である」と述べましたが、その意味では〝言葉〟もまた、私たちに勇気と生きる希望を与えてくれる力と成り得る「励ましの哲学」なのです。

その5「祈り」の力

〝祈り〟は〝笑顔〟と同様に、人間だけに与えられた徳の一つです。〝祈り〟という行為は、人間だけに与えられた究極の共感的営みであると思います。

臨床心理学やカウンセリングでは、治療者やカウンセラーにおける「共感」(empathy)という営みがきわめて重視されます。「共感」とは、相手の気持ちや感情を相手の立場に立って感じることです。つまり、相手が今、何をどのように感じているかを正しく理解することをいいます。

カウンセリングという場面において、カウンセラーがクライエントの悩みや不安に寄り添《そ》い、共感することが求められるように、私たちの日々の人間関係を潤《うるお》いのあるものにしていくためには、相手に共感できるということが重要になってきます。

〝祈り〟という宗教的な営みは一つには、自分の願いや欲求を叶えたいという側面があります。それは、フランスの哲学者アランが定義しているように、「聞き届けてもらえたらと願いながら、真っ当な欲望を言い表すこと」(『アラン 定義集』神谷幹夫訳、岩波書店)であるといえます。

しかし、その一方で祈りという行為には、他者の悩みや苦しみに共感し、他人の幸福や社会の安寧《あんねい》を祈るという側面があります。その意味では、心理学でいう共感的理解を具体的なかたちで表したものが祈りという営みであると考えられます。
　ポジティブ思考としての楽観主義は、他者に対する感謝の気持ちや思いやりの心を大切にする努力や訓練を通して育まれていくといえます。他人の幸福を願うことが、一見、遠回りのようで、実は、悲観的な心を克服する術でもあるのです。

図9 “心の健康”を取り戻す5つの力

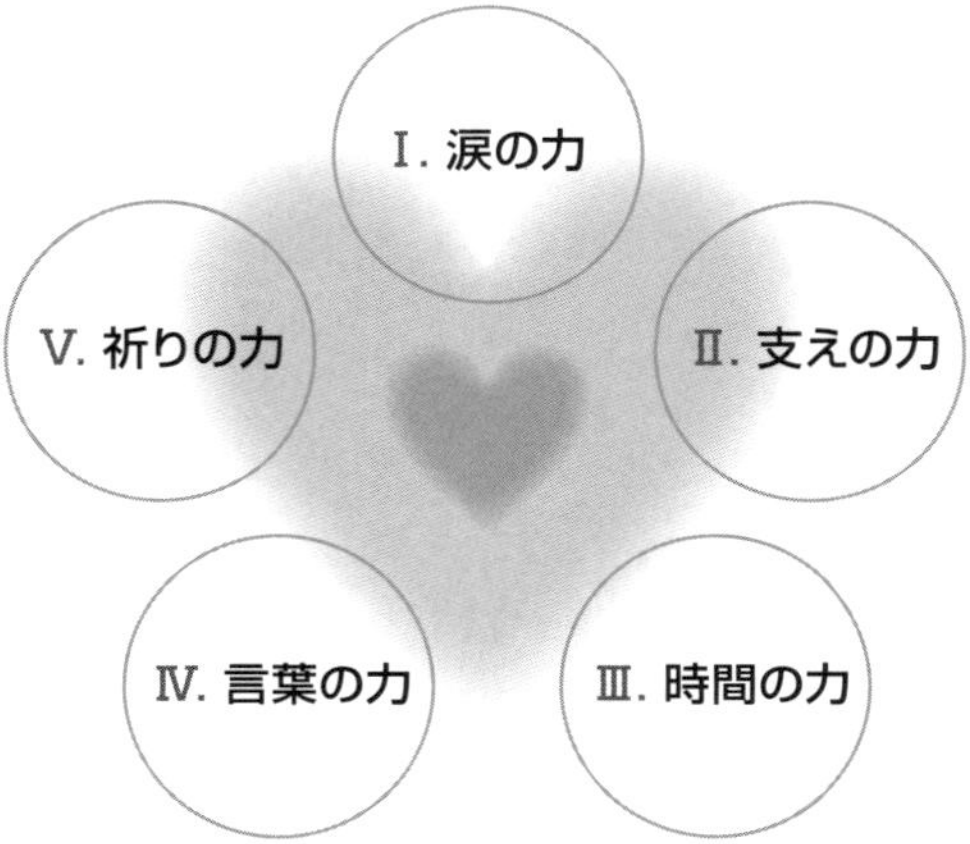

　悲観主義の本質は、往々《おうおう》にして、自己中心的な考え方や思いに支配されているところにあります。そうした私たちの心のからくりから抜け出すためには、他人の幸せを祈るという所為《しょい》が大変大きな意味をもってくるのです。祈りは自他を幸福へと導く、人間だけに与えられた敬虔《けいけん》な営みであるといえます。

第2節 〝楽観主義〟の構成要素

大阪大学名誉教授で哲学者の鷲田清一《わしだきよかず》さんは、哲学者には二つのタイプがあると述べています。一つのタイプは、ドイツの哲学者カントや観念論哲学の代表者であるヘーゲルのように隙のない論理で思想の大伽藍《がらん》を建てたタイプです。

これに対して、もう一つのタイプはテーマも形式も自由に書いてきた人たちだといいます。この第二のタイプの哲学者として、パスカルをはじめ、ニーチェやアウグスティヌス、プラトンなどをあげています。

我が国を代表する哲学者の三木清もまた、フランスやイギリスの哲学は、ドイツの哲学に比《くら》べてわかりやすいように思えるとしています。ドイツの哲学は、概念《がいねん》的で秩序整然たるところがあって、哲学論文をつくるにはドイツの哲学の方が都合がよい、とも述べています。また、日本の哲学が難しいのはあまりにも、こせこせしていて余裕がないためであるとしています。

その上で、哲学において重要なことは、物の見方、考え方であり、偉大な哲学には〝人に呼びかける〟といったところが含まれているとした上で、大哲学者が書いたものには啓蒙《けいもう》的精神といったようなものが含まれているとも述べています。

そうした点では後に触れるように、楽観主義の哲学を代表する、フランスの哲学者アランには啓蒙的精神が漲《みなぎ》っています。

アランの哲学が多くの人々によって慕われている背景には、アランが「哲学を語らない哲学者」として人間から人間へと直截《ちょくせつ》に語りかけていることがあげられます。「哲学とは人間となる術である」という一点にアランの思想、哲学が凝縮《ぎょうしゅく》されているといえます。

アランの哲学や幸福論の訳者でもある神谷《かみや》幹夫氏によれば、アランの哲学の語り口の特徴は、誰もが使っている手垢《てあか》のついた言葉を使用しているが、その言葉は新《しん》鮮《せん》で生き生きとしていると指摘しています。鷲田清一さんのタイプ分けにしたがえば、アランもまた、まぎれもなくテーマも形式も自由に書いてきた哲学者の一人であるといえるでしょう。

広辞苑によれば、哲学とは物事を根本原理から統一的に把握《はあく》、理解しようとする学問、諸科学の基礎づけをする学問であり、世界や人生の根本原理を追究する学問という意味と、今一つ、より広く、経験などから築きあげられた人生観や世界観、考え方という意味あいがあります。

パスカルは、「なるたけ身を低めなければならない。最良の本とは、それを読む人々が自分でも書けそうだと思う本である」(前掲『パスカルの言葉』)と述べていますが、本来、哲学とは人間や人生の本質をやさしい言葉で人々の心に語りかけるものでなくてはならない、と思います。

以下、本章では後者の意味から、広く「哲学」を位置づけ、先人が私たちに平易《へいい》に語りかけている人生観や人間の生き方に関する言葉から、楽観主義の本質とは何かということについて考えてみたいと思います。

哲学から見た〝楽観主義〟

アランのいう〝人間となる術《すべ》〟としての哲学、さらには楽観主義的な生き方について言及《げんきゅう》している文学者や社会学者、詩人、あるいはまた、人生経験豊かな人々によって語られた言葉から、あらためて楽観主義をとらえなおすことにより、楽観主義を構成する要因について考えてみましょう。

人生というライフスパンや人生観、人間としての生き方の上から、楽観主義の本質について考えたとき、楽観主義はおよそ次の三つの要素で構成されていると考えられます。

すなわち、①〝しなやかさ〟（認知の変容）をうながす、②希望の明かりをたやすことなく未来を志向する、③〝意志〟（信念）や〝勇気〟に根ざしている、というものです。

すでに、述べてきたように、アメリカの心理学者セリグマンは心理学の上から、楽観主義の説明スタイルは「一時的」「特定的」「外向的」であることに言及しました。

こうしたセリグマンの視点は、心理学的研究の上から現実の出来事に対する説明スタイルや認知スタイルという点に着目して、楽観主義的な認知様式の特徴について浮き彫りにしたものです。

前章では、そうしたセリグマンの三つの説明スタイルのうち、「外向的」という説明スタイルの意味をとらえなおし、新たな視点として「意志的」(strong-willed)な特性を加味することで、楽観主義について考察をおこなってきました。

すでに述べたように、哲学的な視座から見た楽観主義の特質は、①〝しなやかさ〟、②〝未来志向〟、③〝意志〟に根ざしている点にあると考えられます。

このうち、①の〝しなやかさ〟は、セリグマンのいう「一時的」(temporary)、「特定的」(specific)という説明スタイルに、②と③の〝未来志向〟や〝意志〟は、筆者が第5章第3節で指摘した「意志的」という特性に相当すると考えられます。

その1 〝しなやかさ〟

第一に〝しなやかさ〟(認知の変容)という側面です。楽観主義という人生哲学、人生観は軽薄《けいはく》で向こう見ず、物事を深く考えない〝能天気〟とは、根本的に異なります。

むしろ、楽観主義という視点は現実に直面する困難や人生の試練を厳しく、シビアに受け止めようとします。人生という道筋は、何の思索や苦労もないままに過ごせるほど、あまいものではありません。楽観主義という視座は、現実というものに対する正確な認識を抜きにして生まれてくるものではないのです。

しかし、深刻な現実の認知だけに終始していては、悲観主義という心の影が忍び寄ってきます。楽観主義という哲学は、こうした私たちが置かれている厳しい現実を直視しつつも、そこに踏《ふ》みとどまることなく、未来への一歩を大きく踏み出そうとするのです。つまり、目の前の現実に対する見方や考え方をしなやかにして、認知の転換を図ろうとします。現実の厳しさを認めながらも、柔軟《じゅうなん》に認知の変容を迫ること、現実に対する見方を変えてみることで、人生に対する対処方略《たいしょほうりゃく》を見出そうとするのです。

自身の認知の変容を迫る、現実に対する見方を変えるためには、とりもなおさず、心が〝しなやかであること〟〝柔軟性があること〟が求められます。

その2 〝未来志向〟

そして、今一つの楽観主義を構成する第二の要因が〝希望〟や〝未来志向〟という要因です。楽観主義という視座は、過去や現実に踏みとどまるのではなく、たえず未来を志向しているという点に大きな特徴があります。

後述する意志や信念、勇気が、近視眼でなく希望という明かりをたずさえて、未来への志向を可能にするともいえるでしょう。希望は、〝死〟や〝絶望〟とは対極に位置するものであり、人間が生きていく上で欠くことのできない要素なのです。

その3 〝意志と勇気〟

第三に、楽観主義の哲学、人生観には〝意志〟（信念・勇気）という要素が強くかかわっています。楽観主義という視点を単なる観念や思慮《しりょ》に終わらせないためには、それを実行に移すための人間としての心の強さが何よりも求められるのです。それが、物事を成し遂げようとする〝意志〟や〝信念〟〝勇気〟という精神的な力にほかなりません。第二の〝未来志向〟（希望）と第三の〝意志〟（信念・勇気）は、深くかかわり合っています。

目の前に突きつけられた厳しい現実に対処していくためには、認知の変容を迫るとともに、その持続を可能にするだけの未来志向と、現実に立ち向かう気概《きがい》、すなわち、意志が不可欠なのです。ポジティブな生き方を可能にするために、欠くことのできない要因であるといえるでしょう。

このように、楽観主義の哲学は、①〝しなやかさ〟（認知の変容）、②〝未来志向〟（希望）、③〝意志〟（信念・勇気）という点にその本質があるといえます。

このあとの第3節では、こうした楽観主義の哲学の要素をふまえながら、先人が紡《つむ》ぎ出した言葉や哲学を紹介します。こうした言葉に触れる中で、楽観主義的な生き方の真髄《しんずい》に

図10 楽観主義の構成要素

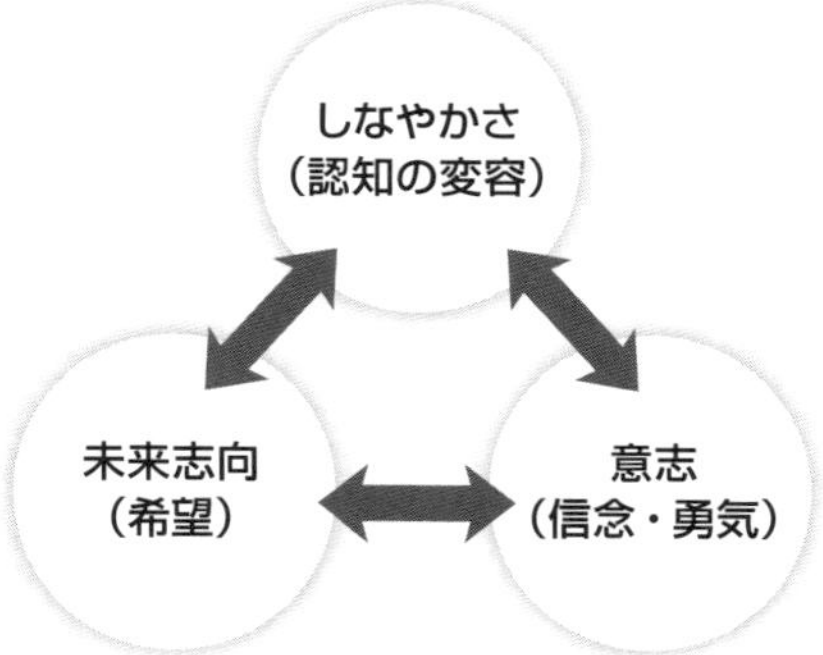

触れていただければと思います。

第3節　先人に学ぶ楽観主義の哲学

〝心のしなやかさ（認知の変容）〟を促す哲学

波乱にみちた人生は、大きい心の持主にとっては、快《こころよ》い。
だが、平凡な心の持主は、そういう人生になんのよろこびも見出さない。

（前掲『パスカルの言葉』）

人生は楽ではない。そこが面白いとまあしておく。

（武者小路実篤著『武者小路実篤画文集　人生は楽ではない。そこが面白いとしておく。』求龍堂）

雨が降った　それもいいだろう　本が讀《よ》める（同前）

冬もあり　春もあり　人生亦《また》楽し（北村西望）

パスカルは三歳のときに母を亡くし、父親の手一つで育てられました。三十九歳という若さでこの世を去るまで一日たりとも苦痛なしに過ごすことはなかったとされています。

一生背負わずにはおれなかった病身という痛苦《つうく》がパスカルの心を自《おの》ずと内へと向けさせ、人間のあらゆる苦しみの意味や生きることの不条理、苦難の根源的省察《せいさつ》へとパスカルを誘《いざな》っていきました。

パスカルが残した言葉には、彼自身の〝波乱に満ちた現実〟に対してもなお、勇《ゆう》猛《もう》果《か》敢《かん》な態度を貫《つらぬ》いて〝認知の変容〟をうながそうとする精神の強靭《きょうじん》さをしっかりと見てとることができます。

きわめて困難をともなう現実を〝快い〟ものとして受け止められる見方こそがパ

スカルのいう〝大きい心の持ち主〟であり、〝楽観主義の真髄〟にほかなりません。

さて、白樺派《しらかばは》を代表する作家、武者小路実篤《むしゃのこうじさねあつ》は、明治十八年に生まれました。もとより、哲学者ではありませんが、その九十年の生涯を通して、文学にかぎらず、人道主義者として人間を愛し、美術や演劇、思想など、幅広い分野で業績を残し、日本の文化に多大な貢献をしてきました。実篤もまた、自らを励まし、自らの悲しみを乗り越えてきたという点で、正真正銘《しょうしんしょうめい》の楽観主義者であるといえます。

「人生は楽ではない。そこが面白いとしておく」（前掲『武者小路実篤画文集　人生は楽ではない。そこが面白いとしておく。』）という言葉は、実篤が八十九歳のとき、亡くなる前年に紡ぎ出された言葉です。

この言葉のあとに、実篤は「人生は楽ではない。それだけ生きる事も楽ではない。そこが人生の面白い処《ところ》にしておく。面白すぎる事にしておく。人生は苦しすぎるかも知れない。それだけ僕は人生をまた面白い処として、この世に生きてゆく事をできるだけ面白い事と思う。実にこの世には多くの人が生まれ、多くの人が苦しみ、また骨折る。そこが大変だがそれだけ私達はこの世に働いてゆきたい」（同前）

と述べています。

実篤は、「人生は苦しすぎるかも知れない」(同前)として、生きるという現実の厳しさを直視しています。しかし、生きることの苦しさを認めながらも、そうした現実に埋没《まいぼつ》することなく、「人生をまた面白い処として、この世に生きてゆく事をできるだけ面白い事と思う」(同前)として、目の前の現実に対する見方を大きく変えようとします。

このように、正視眼で現実の厳しさを認めつつも、そこにとどまることなく、ポジティブに「認知の変容」(change of cognition)を迫ろうとするところに楽観主義の原点があります。

「雨が降った それもいいだろう 本が讀《よ》める」(同前)という言葉から、現実に対する見方、受けとめ方を変えてみることの大切さを学んでいく必要があります。

明治十七年(一八八四年)生まれで、実篤より一年早く、この世に生を受けた彫刻家、北村西望《せいぼう》——。長崎の平和祈念像の作者として知られる西望もまた、その前半生は、苦難の連続でした。

一九〇七年に、東京美術学校に補欠入学。しかし、卒業時は首席で卒業する努力家でした。しかし、その後もライバルは日展で次々と受賞の栄誉《えいよ》を獲得していったにもかかわらず、自分は八年間も賞をとれず、彫刻家をやめようとさえ思ったといいます。

「私は天才ではない。だからいい仕事をするために長生きするんです」という言葉に凝縮される西望の歩みは、百四歳で亡くなるまで努力一筋の人生でした。

その西望が百歳のときに残した「冬もあり　春もあり　人生亦楽《また》し」という言葉もまた、楽観主義の真骨頂《しんこっちょう》を象徴している言葉として、深い感慨を覚えます。

この西望の言葉もまた、冬の方が多いであろうはずの人生を「春もあり　人生亦楽し」として、認知の変容を迫ることで人生を前向きに見つめようとしています。

すでに、第5章で触れてきたように、アメリカの心理学者セリグマンは悲観主義の〝説明スタイル〟（物事に対する見方）は、困難な事態に直面したときに「永続的」で「普遍的」「内向的」な見方に陥《おちい》りやすいところにあるとしました。

つまり、現実に起こった困難な出来事に対して、悲観主義の人はそれがこれからもずっと長く続くであろうし（永続的）、今回の不幸な出来事は、他の面でも起こり得ると考え（普遍的）、それらを自分のせいにする傾向《けいこう》にあるのです（内向的）。

これに対して、セリグマンが言及した楽観主義者の説明スタイルは、目の前に起こっている困難な出来事を「一時的」で「特定的」「外向的」なものとしてみなしやすいという特徴をあげています。

つまり、困難な出来事に対する楽観主義の人の見方は、そうした出来事はいつまでも長く続くものではなく（一時的）、たまたま、このような事態に陥ったのであり（特定的）、自分以外のところに原因がある（外向的）とみなす傾向にあると考えました。

このように、楽観主義という視点は、こうした心理学でいう物事に対する認知を変えること、つまり、悲観視することから楽観視することへとしなやかな変容をはかろうとする点にあります。

ここで紹介しているパスカルや武者小路実篤、北村西望が紡ぎ出した楽観主義に裏打《うら う》ちされた言葉は、「視点を変えて現実を見る」「見方を変えて人生を見つめ直してみること」の大切さを教えてくれています。

“未来志向（希望）”の哲学

下を向いてはいけない。
いつも頭を高く上げていなさい。
そして、世界をまっすぐに見ることである。

（『楽天主義』ヘレン・ケラー著、岡文正監訳、イーハトーヴフロンティア）

我々楽天主義（＝楽観主義）者は、洋々とした未来に希望を抱いている（同前）

この世で一番哀《あわ》れな人とは、
目は見えていても
未来への夢が見えていない人である。（同前）

希望は生命の構造および人間精神の力学の本質的要素なのだ。
（エーリッヒ・フロム『希望の革命』《改訂版》作田啓一・佐野哲郎訳　紀伊國屋書店）

心の置き方ひとつで決まる。「楽観主義で生きよう」と決めれば、逆境も苦難も、人生のドラマを楽しむように、悠々《ゆうゆう》と乗り越えていくことができる。心の窓を大きく開いて、希望の青空を仰《あお》いで生きることだ。「明日《あす》はきっと、よくなる！」――と。（『女性に贈ることば365日』池田大作著、海竜社）

ヘレン・ケラーは、楽観主義者には希望（hope）があり、未来への夢があるとしています。

アランもまた、希望は意志的な信念であり、未来への信仰のようなものだといいます。

こうした指摘が示唆《しさ》しているように、楽観主義には未来志向という重要な要素が含まれています。

私たちが、しばしば陥る〝うつ的な症状〟、すなわち、〝落ち込みやすさ〟は、アランの言葉を借りるならば、〝近くを見すぎること〟から起こります。これは、私たちがしばしば、陥りやすい落とし穴です。厳しい現実を突きつけられるほど、私たちの目線はそこから抜け出せなくなります。

それは、ヘレン・ケラーに言わせれば、〝下を向いている状態〟ということにほかなりません。アランもヘレン・ケラーもまた、人間の弱さを見事なまでに、わかりやすく、比喩《ひゆ》的に描写《びょうしゃ》しています。〝近くを見すぎる〟〝下を向く〟という振舞いは、悲観主義を最も端的に表現したものであるといえます。

そこには、未来志向という要素が見当たりません。未来志向とは、アランがいうように、〝遠くを見つめる〟という作業にほかなりません。ヘレン・ケラーの言葉でいえば、〝頭をあげること〟〝世界をまっすぐ見ること〟なのです。

新フロイト派と称せられ、人道主義の立場から、さまざまな警鐘を鳴らしてきたアメリカの心理学者エーリッヒ・フロム（Erich Fromm 1900 - 80）は、著書『希望の革命』の中で、心理学の視点から、「希望が失われたら、生命は事実上あるいは潜在的に終りを告げたことになる。希望は生命の構造および人間精神の力学の本質的要素なのだ」(When hope has gone life has ended, actually or potentially. Hope is an intrinsic element of the structure of life.)と述べています。つまり、人間は本来、〝希望〟という未来志向ができる存在であることに言及しているのです。

フロムはまた、「希望は信念に伴う気分である。信念は希望の気分がなければ持続しえない」(Hope is the mood that accompanies faith. Faith could not be sustained without the mood of hope.)と述べているように、希望は、後述する〝意志〟(信念)と深く関係しています。

そして、アランの今一つの言葉を借りるならば、「〝希望〟は、よりよき未来に対する信仰のようなもの」ということになるでしょう。この未来志向こそが、楽観主義の第二の構成要素なのです。未来志向は、現実の問題解決のために不可欠です。

アランは、この未来志向から、「正義」と「善意」が生まれるとしています。

「人の一生、僕は人生がわかったとは言えない、(中略)わからないながら、苦しみ、たのしみ、そうして、希望を失わずに生きてゆくのである」（前掲『武者小路実篤画文集人生は楽ではない。そこが面白いとしておく。』）と、武者小路実篤もまた私たちに語りかけています。

幾《いく》つになっても、〝人生とはこうだ〟と言い切れる人はいないでしょう。実篤がいうように〝人生とは何か〟とたずねられても、誰も明快《めいかい》な答えを用意することはできません。しかし、それでもなお、希望を失わずに生きていけるのが人間という存在なのでしょう。

現実を直視すること——。しかし、現実に対する見方は変えられること。つまり、認知を変えていくことは可能です。それを可能にするのが、後述するように意志や信念、勇気という、人間に本来そなわっている力です。そして、その力は未来を見据《す》えているというところに、特徴があります。

こうした三つの要素をたずさえた〝楽観主義〟こそが、人間を幸福へと誘ってくれるのです。

〝意志(信念・勇気)〟の哲学

悲観主義は気分によるものであり、楽観主義《オプティミズム》は意志によるものである。

(前掲『幸福論』)

悲観主義は厳密に言えば、現在は不幸ではないが、これらのことを予見している人間の判断である。(中略)悲観主義の本質は意志を信じないことである。オプティミスム[楽観主義]はまったく意志的である。

(アラン『定義集』神谷幹夫訳 岩波書店)

楽天主義(=楽観主義)こそいっさいを成功に導く信念である。(前掲『楽天主義』)

私の楽天主義(=楽観主義)は、世の中に悪などないという信念に立脚するものではなく、善の力や、善と協力して悪を克服しようとする意志の力のほうが、

悪よりも強いと信じていることに基づく。（前掲『楽天主義』）

力を入れて歩かないと、歩けない道を歩く。力おのずとわく。道おのずと開く。（武者小路実篤）

前節でも述べてきたように、神谷幹夫氏によれば、アランにとって、哲学は「人間となる術」であり、個人と個人との出会いにほかならないといいます。元来、アラン（Alain）という名前はペンネームで、本名はエミール・シャルティエ（Emile Chartier）。フランスのブルターニュ地方では、アランという名前はありふれた名前で、元来、そこには「ちょっと田舎者」「ちょっと間抜け者」という意味があるようです。こうした意味をもつペンネームを用いることで、アランは庶民に徹して、庶民を演じきり、庶民の心に溶け込もうとしたようです。

ただひたすら、人間に語りかけようとするアランにとって、おそらくは高邁《こうまい》な哲学体系など必要とはしなかったのでしょう。目の前にいる人間の存在を直視し、誰よりも人間を愛し、誰よりも人間と向き合ってきたアランにとって、人間が真の幸福を勝ち得るためには〝楽観主義〟という哲学が、最良の武器であると覚知していたに違いありません。

そのアランが、悲観主義の本質は〝気分〟であり、楽観主義の本質は、〝意志〟であるとして、双方の違いを明確に区分しています。

アランは言います。池の中に投げ込まれた石は、あっという間に水中深く沈んでいくように、人間もまた、予期せぬ不幸や辛い出来事に遭遇《そうぐう》したときには、一瞬にして気持ちを沈みこませることが可能です。私自身も落ち込むことはしょっちゅうですが、落ち込んだ気持ちに浸《ひた》るためには哲学など必要ないのです。まさに、悲観主義は気分にほかならないのです。

しかし、アランがいうように、私たち人間が幸福を摑《つか》み取るためには、幸せになろうという強い〝意志〟(will)を持たなければ幸せになんか絶対なれないのです。

アメリカを代表する偉大な教育者でもあり、社会福祉事業家として、身体障がい者の支援に生涯を捧《ささ》げたヘレン・ケラーもまた、盲聾唖の三重苦と戦いながら、生涯、楽観主義を貫き通した類《たぐい》まれなる女性です。

彼女は、『ヘレン・ケラーと青い鳥』や『わたしの生涯』など、ヘレン・ケラーに関する数々の著作や翻訳で知られる、目の不自由な作家・岩橋武夫氏とも親交が深かったことから、戦後三回にわたって日本を訪問し、多くの人々に、励ましのエールを送っています。

また、皆さんは、有名なアメリカの作家、マーク・トウェイン（Mark Twain 1835-1910）をご存じのことと思います。『トム・ソーヤーの冒険』などのユーモラスな児童文学作品の作者として、我が国ではよく知られています。しかし、彼の晩年は、莫大《ばくだい》な借金、長女の死、末娘と妻の病などが重なり、六十歳前後を境にして、悲観主義的な傾向が強くなっていったようです。

しかし、ヘレン・ケラーはハーバード大学を卒業したとき、そのマーク・トウェインから「ヘレンは三重苦を背負いながら、心の豊かさ、精神の力によって、今日の栄誉を勝ち得た」と称《たた》えられるほど、意志の強い女性であったのです。

ヘレン・ケラーは、その生涯を心身障がい者のために尽くしました。その陰《かげ》には、ヘレンの教育に生涯を捧げたサリバン先生の存在がありました。見えない、聞こえない、話せないという三重苦と戦い、社会に奉仕してきた彼女こそ、まさに生涯にわたって楽観主義の哲学を持ち続けた人でした。

そのヘレン・ケラーが「楽観主義こそ、いっさいを成功に導く信念である」との言葉を残しています。また、「私の楽観主義は、『世の中に悪などない』という信念に立脚するものではなく、善の力や善と協力して、悪を克服《こくふく》しようとする意志の力の方が、悪よりも強いと信じていることに基づく」と述べています。

こうした言葉に見られるように、ヘレン・ケラー自身、まず、誰よりも現実の厳しさや矛盾《むじゅん》、不正、不合理、誤《あやま》りをしっかりと認識し、直視しています。その上で、「悪を克服しようとする意志の力の方が、悪よりも強いと信じている」との強い信念を吐露《とろ》しています。

すでに、述べてきたように、楽観主義は大前提として、現実に直面する困難や人生の試練を厳しく受け止めることから始まります。楽観主義という視座は、現実という目の前で繰り広げられている出来事に対する正確な認識を抜きにしてはありえません。

しかし、楽観主義という視点は、厳しい現実を直視しつつも、そこに踏みとどまることなく、未来へ一歩を大きく踏み出そうとします。つまり、目の前の現実に対する見方や考え方に大きく変容を迫ろうとするのです。

そのためには、現実に立ち向かうための強い「意志」(will)や「信念」(conviction)、「勇気」(courage)が不可欠となります。これは、楽観主義の本質を考えていく上できわめて大切な点です。そして、アランは「人間には勇気がある。たまたまそうだというのではなく、本質においてそうだ」(前掲『幸福論』)として、勇気は人間に本来そなわっている能力であると断言しています。

アメリカの心理学を代表するマズローが〝成長欲求をたやさないこと〟が人間としての存在価値であり、自己実現の〝証《あかし》〟であると述べたように、私たちは成長し続けようとする強い意志を持ち続けられる存在でありたいものです。また、そうした力が潜在的にそなわっていることを確信していきたいものです。

実篤は〝意志〟や〝信念〟〝勇気〟をたやさないことが「力を入れて歩かないと、

歩けない道を歩く」ということであり、その結果として力が自ずと湧き出し、道が自ずと開けるのだと語っています。

詩人の谷川《たにかわ》俊太郎さんが、二〇一三年三月の朝日新聞に寄せた「3月の詩―そのあと」の一節に、「そのあとがある／大切なひとを失ったあと／もうあとはないと思ったあと／すべて終わったと知ったあとにも／終わらないそのあとがある」とあります。

私たち人間は、人生にあって、絶望に打ちひしがれるときがあるかもしれません。しかし、谷川さんは、筆舌《ひつぜつ》に尽くしがたい苦難を体験された人々に対して、万感の思いを込めてこのようにエールを送っています。こうした詩の一節は、生命あるかぎり、どこまでも人間の〝意志〟や〝信念〟〝勇気〟の存在というものを信じてやまない、楽観主義の精神を持ち続けることの大切さを、私たちに語りかけているように思います。

あとがき

本書は、これまでの創価大学夏季大学講座での内容をふまえて、楽観主義について、とりわけ、シニアの方々を意識して、わかりやすく語りかけることを心がけて執筆したものです。

本書は、多くの方々の支えによって世に出すことができました。この四半世紀、創価大学で共に学ばせていただいた学生や通教生の皆さん、毎年夏季大学講座に足を運んでくださった多くの参加者の方々、そして、本書に目を通してくださった読者の皆さんに心から御礼を申し上げたいと思います。

また、現在、創価大学大学院文学研究科に在籍している飯田理子さんは、修士論文の一環として、心理学の視点から〝楽観主義〟の研究をすすめ、因子分析的検討をおこない、「楽観主義尺度」の作成に貢献《こうけん》してくれました。この尺度は第5章でも紹介しているように、セリグマンのいう「一時的」「特定的」という楽観主義の説明スタイルに、筆者自身の「意志的」「未来志向」という視点を加味して作成したものです。

第4章では、同じく創価大学大学院に在籍し、現在は公務員として、福祉の仕事に従事している、臨床心理士・村上萌美さんの「在宅介護とストレングスに関する研究」の一端を紹介させていただきました。この研究は、川崎市にお住まいの竹内美佐子さんの真心からの協力を得て完成したものです。本書での研究論文の紹介を快く許可してくださった竹内さんに、あらためて、感謝申し上げたいと思います。

同章ではまた、創価大学に在学中の学生の皆さんが作成した〝多義図形〟も紹介させていただきました。作品の掲載を、快く承諾してくださった滝勇助さん、平松昭子さん、渡邉瑠璃さん、瀬尾順子さん、福田恵さんにお礼を言いたいと思います。

そして、各章のはじめに出てくる可愛《かわい》らしいイラストは、教育学部の飯田江都子さんが描いてくれました。心から感謝いたします。

さらに、本書全体を通して、一貫して、楽観主義的な明るさを打ち出す意味で、第一生命の「サラリーマン川柳《せんりゅう》」を、随所《ずいしょ》で引用させていただきました。ウィットの効いた川柳は庶民の言葉で、人間生活の本質を描き出していて、多くの読者の皆さんも共感され、一服《いっぷく》の清涼剤になったのではないかと思います。

最後に、本書の出版に際して、辛抱《しんぼう》強く、原稿の完成を見守ってくださった第三文明社の皆さんにお礼を申し上げたいと思います。

皆さんの真心からのご協力とご支援に、あらためて感謝申し上げます。

二〇一三年六月二十七日

著　者

引用・参考文献

『アラン　幸福論』神谷幹夫訳　一九九八年　岩波文庫
『アラン　定義集』神谷幹夫訳　二〇〇三年　岩波文庫
『自我同一性 - アイデンティティとライフサイクル（人間科学叢書）』E・H・エリクソン著、小此木啓吾編訳、一九七三年　誠信書房
『レジリアンス　現代精神医学の新しいパラダイム』加藤敏、八木剛平編著　二〇〇九年　金原出版
『老年について』キケロー著、中務哲郎訳　二〇〇四年　岩波文庫
『PTG心的外傷後成長：トラウマを超えて』近藤卓著　二〇一二年　金子書房
『ご老人は謎だらけ　老年行動学が解き明かす』佐藤眞一著　二〇一一年　光文社新書
『くじけないで』柴田トヨ著　二〇一〇年　飛鳥新社
『100歳までボケない101の方法　脳とこころのアンチエイジング』白澤卓二著　二〇一〇年　文藝新書
『人生の短さについて』セネカ著、茂手木元蔵訳　一九八〇年　岩波文庫
『オプティミストはなぜ成功するか』マーティン・セリグマン著、山村宜子訳　一九九四年　講談社文庫
『外傷後成長に関する研究』宅香菜子著　二〇一〇年　風間書房
『二人桜』竹内美佐子著　二〇一一年　非売品
『ポジティブ心理学─21世紀の心理学の可能性』島井哲志編　二〇〇六年　ナカニシヤ出版
『人生の知恵　パスカルの言葉』田辺保訳編　一九七〇年　彌生書房
『[愛蔵版]松下幸之助一日一話』PHP総合研究所編　二〇〇七年　PHP研究所

『幸福論（第一部）』ヒルティ著、草間平作訳　一九三五年　岩波文庫
『子どもの「こころの力」を育てる―レジリエンス』深谷和子、上島博共著、深谷昌志監修　二〇〇九年　明治図書
『家族介護者のアンビバレントな世界―エビデンスとナラティブからのアプローチ』広瀬美千代著、ミネルバ書房　二〇一〇年
『希望の革命《改訂版》』エーリッヒ・フロム著、作田啓一・佐野哲郎訳　一九七一年　紀伊國屋書店
『わたしの生涯』ヘレン・ケラー著、岩橋武夫訳　一九六六年　角川文庫
『楽天主義〝OPTIMISM〟』ヘレン・ケラー著、岡文正訳　二〇〇五年　イーハトーヴフロンティア
『人間とは何か』マーク・トウェイン著、中野好夫訳　一九七三年　岩波文庫
『親と子の心の触れ合い』鈎治雄著　一九九六年　第三文明社
『楽観主義は自分を変える―長所を伸ばす心理学』鈎治雄著　二〇〇六年　第三文明社
『お母さんにエール！　楽観主義の子育て』鈎治雄著　二〇一一年　第三文明社
『人間行動の心理学（第二四刷）』鈎治雄・吉川成司共著　二〇一三年　北大路書房
『創価教育学体系Ⅰ』牧口常三郎著　一九八四年　聖教文庫
『読書と人生』三木清著　一九七四年　新潮文庫
『武者小路実篤画文集　人生は楽ではない。そこが面白いとしておく。』武者小路実篤著　二〇〇六年　求龍堂
『女性に贈ることば３６５日』池田大作著　二〇〇六年　海竜社
『子どもと大人のための臨床心理学』山口勝己・鈎治雄・久野晶子・高橋早苗・李和貞共著　二〇一二年　北大路書房
『レオナルド・ガレンテ―「長寿遺伝子」を解き明かす』（ＮＨＫ未来への提言）レオナルド・ガレンテ、

白澤卓二共著　二〇〇七年　日本放送出版協会
『無意識の心理』Ｃ・Ｇ・ユング著、高橋義孝訳　一九七七　人文書院
世界保健機関（ＷＨＯ）　The ICD-10 Classification of Mental and Behavioural Disorders.「精神および行動の障害―臨床記述と診断ガイドライン」融道男・中根允文・小見山実監訳　二〇〇〇年　医学書院
鷲田清一　「よみたい古典・パンセ（上）」朝日新聞二〇一二年二月一二日付
国立社会保障・人口問題研究所　「日本の将来推計人口（平成二四年一月推計）報告書」二〇一二年
『現代のエスプリ　第五一二号』小玉正博　「ポジティブな特性研究の動向」二〇一〇年　ぎょうせい
『現代のエスプリ　第五一二号』外山美樹　「楽観主義」二〇一〇年　ぎょうせい
『現代のエスプリ　第五一二号』本多明生　「進化心理学とポジティブ感情―感謝の適応的意味」二〇一〇年　ぎょうせい
創価大学鈎治雄研究室　「（国際比較調査）日本・韓国・イギリスの成人にみる性役割意識」『教育アンケート調査年鑑・二〇〇三年版下』二〇〇三年　創育社
「第二〇回　サラリーマン川柳コンクール」第一生命
「第二四回　サラリーマン川柳コンクール」第一生命
「第二五回　サラリーマン川柳コンクール」第一生命
立石紀和　「ママ、待ってるからね」　読売新聞　二〇一一年三月三一日付
立石紀和　「まま、五歳になったよ」　読売新聞　二〇一一年五月一〇日付
根岸英一　「高い夢　楽観主義で探索」　読売新聞　二〇一一年八月四日付
谷川俊太郎　「3月の詩―そのあと」　朝日新聞　二〇一三年三月六日付
鈎治雄　「ストレスに立ち向かう楽観主義の生き方」『第三文明（第五五六号）』二〇〇六年　第三文明社

鈎治雄「楽観主義を育てるために」『第三文明（第六〇九号）』二〇一〇年　第三文明社
鈎治雄「楽観主義は心のエンジン」公明新聞　二〇一一年一月一日付
鈎治雄「人とつながるコミュニケーションのヒント」『パンプキン（第二五五号）』二〇一一年　潮出版社
村上萌美「在宅介護とストレングスに関する研究——介護者の語りに着目して」二〇一一年　創価大学大学院文学研究科修士論文
厚生労働省『健康づくりのための運動指針二〇〇六—生活習慣病予防のために—』二〇〇六年
近畿大学アンチ・エイジングセンター「健康かつ長寿を目指す——二一世紀は予防医学の時代へ」二〇一三年　近畿大学アンチ・エイジングセンター・ホームページ

Erikson,E.H.1959 Psychological Issues Identity and The Life Cycle.International Universities Press.
Kato Hideo, Choi Soonja&Magari Haruo. A Cross-national study of adults' understandings of parents' roles in Japan,South Korea and the UK. 創価大学教育学部論集第55号　二〇〇三年
Scheier,M.F.,&Carver,C.S.1985 Optimism,coping and health: Assessment and implications of generalized outcome expectancies. Health psychology,4. 219-247.
Seligman,M.E.P 1990 Learned Optimism. Arthur Pine Associates Inc.,New York.
Seligman,M.E.P.,Rashid,T.,&Parks,A.C. 2006 Positive psychotherapy. American Psychologist,61. 774-788
Tedeschi,R.G.&Calhoun,L.G.1996 The Posttraumatic Growth Inventory: Measuring the positive legacy of trauma. Journal of Traumatic Stress,9. 455-471.
Tedeschi,R.G.&Calhoun,L.G.2004 Posttraumatic growth: Conceptual foundations and empirical

evidence. Psychological Inquiry,15.1-18.
Tsang,J.A.,2006 Gratitude and prosocial behavior: An experiment test of gratitude. Cognition and Emotion,20,138-148
Fromm,E. 1968 The Revolution of Hope: Toward a Humanized Tech. Harper&Row, Publishers.
Helen Keller 1904 My key of Life, Optimism: An Essay. LONDON; ISBISTER COMPANY.

●著者略歴
鈎　治雄（まがり　はるお）

1951年、大阪生まれ。大阪教育大学大学院修了。私立追手門学院小学校教諭、追手門学院大学教育研究所員を経て、創価大学教育学部教授・大学院文学研究科教授。創価大学教職キャリアセンター長を兼務。東洋哲学研究所委嘱研究員。日本特別活動学会副会長・常任理事。

単著に『楽観主義は自分を変える』『お母さんにエール！楽観主義の子育て』『親と子の心のふれあい』（以上、第三文明社）『教育環境としての教師』（北大路書房）『特別活動（改訂版）』（創価大学出版会）など。

共著・共編著に、『子どもと大人のための臨床心理学』『人間行動の心理学』（以上、北大路書房）『子どもの育成と社会』（八千代出版）『はじめて学ぶ教育心理学』（ミネルヴァ書房）『変貌する学校教育と教師』『心の教育とカウンセリングマインド』（以上、東洋館出版）『特別活動の実践をどう創るか』（明治図書）など。

楽観主義《らっかんしゅぎ》は元気《げんき》の秘訣《ひけつ》

2013年７月31日　初版第１刷発行
2013年11月３日　初版第２刷発行

著　者　鈎《まがり》　治雄《はるお》
発行者　大島光明
発行所　株式会社　第三文明社
東京都新宿区新宿1-23-5　〒160-0022
電話番号　編集代表　03-5269-7154
営業代表　03-5269-7145
振替口座　00150-3-117823
URL http://www.daisanbunmei.co.jp

印刷・製本　奥村印刷株式会社

ISBN978-4-476-03322-9